真《ま》境《じき》名《な》ナツキ

# ハイヒール革命

性を変える。
体を変える。
アタシは変わる。

# はじめに

ねえ。
あなたは「他人の目」や「世間の常識」を
気にしたこと、ありませんか?
他人や世間を気にして、それに自分を合わせてばかりいたら、
いつの間にか「私」がすり減っちゃうわよ。

あなたは、他人や世間の価値観で、
自分の意見や選択、人生を左右されるような
そんな弱い存在じゃないはず。

あたしはどうかって？
あたしは、弱いところもいっぱいあるけど、
芯は、たぶん、強い。
誰に何を言われても、自分の「思い」は大切にしてきたつもり。
それは、小さいときからずっとそう。

でも、自分の思いを大切にしたいと思えば思うほど、

人並みに、
人並み以上に、いろんな葛藤《かっとう》があった。

あたしは、ちょっと目立ちたがり屋なところはあるけれど、
ごくフツーの女の子。
「もと・男」ということを除いては。

そう、あたしは性同一性障害で、「もと・男」。
だから、人並み以上に、闘いと葛藤があったと思う。
「あたしは、女の子なの！」っていくら心の中で叫んでも、
世間はあらゆる場面で「あなたは、男の子」って、

「常識」を突きつけてきたんだから……。

誰にだって、「こんなことしたくない！」

「そんなの自分らしくない！」って思っても、

「それってヘンだよ、おかしいよ」

「ちゃんとしなくちゃダメだよ」

って周りの人から言われてしまうこと、たくさんあるでしょう？

あたしの場合も、そう。

それには、違和感満載だった。

その違和感に対して、

あたしは友だちや先生、それから自分自身とも闘ってきた。
でもその闘いは、決して暗くて重たい、
〝お涙頂戴〟的なストーリーではなかった。

だけど、
納得できなくてジレンマを感じたり、
思いどおりにならなくてイライラしたり、
なんでこんな目に遭《あ》うのよ～！　ってジタバタしたり、
目の前にそびえ立つ高くて冷たい壁に、
ドーンと落ち込むこともある。
みんなも、あるでしょう？

「ＬＧＢＴ」って知っていますか？
レズ・ゲイ・バイセクシャル・トランスジェンダーの英語の頭文字をとった言葉。
今、ＬＧＢＴとされる人は、13人に１人いるといわれています。
あたしは、性同一性障害。だから強《し》いていえばトランスジェンダー。
でも、こういうカテゴリーで分けるのはキライです。
あたしは、オカマ。それでＯＫです。

オカマのあたしは「もと・男」だけど、
実は、あなたとたいして違うわけじゃない。
誰だって、自分の「心」を勝ち取るために、

# はじめに

「居場所」を見つけるために、
闘わなければいけないこともあるでしょ。それと同じ。

今、振り返ると、あのときの闘いは、ちょっとだけ誇らしい。
そう、
あたしにとっては、革命だったのだから。
女になるための、
自分を取り戻すための革命。

スニーカーから、ハイヒールへ。
「ハイヒール革命」だったの！

不満や不安、いろんな思いを抱えている人に、
あたしが言えることは、ただひとつ。
「自分を貫こう」っていうこと。

自分らしく生きるって、そういうこと。
そんなに難しいことじゃないのよ。
――スニーカーから、ハイヒールに履きかえる――。
それくらいの勇気があれば、誰でもできること。

あなたは、この世にひとりだけの存在だもの。

その価値を誇りに思って、
鼻息荒く、楽しく生きていきましょう！

もしあなたが、今、「ちょっとシンドイな」って思っているなら、
あなたも革命をおこすチャンスよ！

あなたが、あなたらしく生きられるヒントを、
この本にいっぱい詰めました。

## 第2章　自分のために闘うとき

自分革命
どん底にいるときは、ジタバタしたっていい。



自分革命
人は自分の都合が悪いことは忘れる。だから、自分も忘れてしまおう！



自分革命
逃げずにまっすぐに伝える思いは、必ず相手に届く。

自分革命
幸せは自分の手でつかみ取る！　自分の道は自力で切り拓いてこそ面白い！

## 第3章　仲間ってすごい！　人のパワーで世界は広がっていく



自分革命
今いる場所は、ちっぽけな場所。場所を変えれば、世界も変わる。

自分革命

世間に振り回されず、ちゃんと自分のものさしをもって生きる!

# 第1章
# あたしは、ナニモノ？

# あたしは、友だちと違う――。

あたしが家族以外ではじめて「他人」と接点を持ったのは、保育園のとき。思えば、この頃から言葉にはしにくい〝モヤモヤ〟がありました。

大好きな「ミッフィー」が描かれたマットを振り回して、「魔法ごっこしよ〜♡」って女の子といっしょにキャッキャと遊ぶ――。

保育園児のあたしは、それが普通の毎日でした。

大好きなのは、「ミッフィー」だけじゃなくて、「キキララ（リトルツインスターズ）」「セーラームーン」「ハローキティ」もそう。

## 第１章
## あたしは、ナニモノ？

あたしの部屋の一角には、ピンクだらけのコーナーがあって、そこがあたしの大好きな場所。たくさん並んだキャラクターグッズを眺めて、いつもうっとりしていました。クマちゃんの指人形で遊ぶのも、絵本を読むのも、オルガンを弾くのも好きだったな。

夜はテディベアを抱っこして寝ていました。

２歳年上の兄は、男の子らしく外で走り回って遊んでいるとき、あたしは部屋の中で女の子が大好きな遊びばかりしていました。

でも、外見は、笑っちゃうぐらいに、いかにも男の子。

体格もいいし、ほっぺたもぷっくりしていて、そのへんの華奢《きゃしゃ》な男の子より、よっぽど男の子っぽかったの。

あたしは兄と遊ばないこと、女の子とばかりいっしょにいること、女の子のおもちゃが大好きだったことに、その当時は何の疑問も抱きませんでした。

だって、あたしの心は完全に女の子で、それが自然だったから。

あたしの本名は、真境名《まじきな》薫《かおる》。

「かおる」って男でも女でも通用する中性的な名前。たまたまとはいえ、あたしの人生を示唆《しさ》するかのような運命的な名前。

苗字がちょっと珍しいのは、父が沖縄出身だから。沖縄ではよく見かける名字だそうです。

友だちからは「沖縄っていいところでしょ?」ってよく聞かれるけど、父と母はあたしが保育園に入る頃に離婚したから、あたしは沖縄には行ったことがありません。

あたしは、生まれた頃は東京都品川区の八潮《やしお》にある団地に住んでいました。そこはまるで島のようなエリアで、23区の中でも田舎らしさが残っている静かで落ち着いたところです。

父が出ていったその団地で、シングルマザーになった母と、兄とあたしは幼少期を過ごしました。

あたしは、「かおちゃん」って呼ばれてかわいがられ、すくすくと育ちました。自分が「男の子」か「女の子」かなんて、いちいち意識せずに、ね。

## 家族はあたしを受け入れてくれたけれど

あたしは男の子なの？　女の子なの？

小学校に入るまでは、そんなこと意識したこともありませんでした。

でも、考えてみて。

誰でも小さい頃は「ぼくは男の子だ」「わたしは女の子よ！」なんて意識しなかったでしょう？　いつだってそのときに「自分がしたいこと」をして「自分が好きなもの」を選んでいたはず。

母はあたしがお人形遊びをしていても「かおちゃんは、男の子なんだから」と言って止めることはしませんでした。だから、「あたしがお人形で遊ぶのはヘン」なんて、ちっとも思わなかったの。

あるとき、保育園の通園バッグを祖母が買ってくれました。兄にはヘリコプターや車が描かれた青いバッグ。あたしには、パステルカラーの「キキララ」でした。

またあるとき叔母が買ってくれたマグカップも、兄には「おさるのもんきち」で、あたしには「キキララ」です。

ついでに言えば、母が買ってくれたトレーナーも、紫色の「キキララ」でした。

思えば、周囲の大人はみんなこんな感じで、お兄ちゃんはお兄ちゃん、かおちゃんはかおちゃんって、接してくれました。

でも誰かに「男の子なんだから、かおちゃんもお兄ちゃんみたいに青いのにしなさい！」って言われてもおかしくなかったと思うのです。

母にしてみれば、２歳違いの「男兄弟」のはず。でもあまりにも趣味が違う２人。その違いを「個性的」で片づけるには、違和感があったんじゃないのかなあ、と思うのです。

でも、母も周りの人も何も言いませんでした。

母は常に「あなたは、あなた」と接してくれていました。

あたしは成長するにしたがい、母のその態度はどれほど有り難く、とてつもない愛情によるものだと知るわけだけど、そのときはそれが普通だと思っていたのです。

どんなに悩んだり悲しんだりしても、最後はポジティブな自分でいられるのは、母や周りの人の愛情をいっぱいに受けて、「あたし」という人格を否定されたり、感情を抑圧されたりしなかったからだと思います。


それでも、５歳のクリスマスのとき、ちょっとした出来事がありました。家族にどんなに守られても、子ども心はとっても敏感なもの。あたしはすでにその頃、世間との「違和感」を感じていたのかもしれません。

クリスマスが近くなって、あたしは「欲しいものリスト」の中に、「ジュウレンジャー」（戦隊モノ）を、まずおねだり。そしてさり気なく、ずっと欲しかった「セーラームーン」のドールハウスも入れておいたことがありました。

まるで「ついで」を装うように。

「男の子が欲しがるもの」をおねだりしたほうがいいって、どこかで思っていたから。

自分では意識していないつもりでも、とくに子どものときは敏感に、周りと自分を比べて、「違和感」をちょっとずつ、肌で感じているものなのかもしれません。

## 人と比べてコンプレックスが芽生えることは、誰にでもある

自分と人を比べてしまうのは、あたしだけじゃない。

誰でも学校や会社、友だちや同僚、いろんなコミュニティの中で生きているけど、人は何かしら、自分と他人を比べるものです。

成績の良し悪しや、あの子よりかわいいかどうかとか、スタイルはどう？　モテるのはどっち？　友だちが多い人気者は……という感じで。

こんなふうに誰かと比べるときって、自分が苦手だと思っていること、劣っていると思っていること、嫌いだと思っていることが目につくからだと思うの。

あの人はいいな。でもあたしは違うな。なりたくてもなれないなって。

それって、コンプレックスっていうことよね。

いったん芽生えたコンプレックスは、なかなか消えないものでしょう。ほんの

ちょっと見方を変えれば、それは長所になり得ることなのに。

あたしも、成長するにつれて「心は女なのに、体は男」という明白な事実を突きつけられて、「人と違う自分」をもてあましてしまうこともありました。

でも母は、あたしが男として生きようが、女として生きようが構わない。そういうことより、まず「人として恥ずかしくないように生きて」ということを教えてくれました。

ファミリーレストランに家族３人でご飯を食べに行ったときのこと。

たまの外食は、あたしたちきょうだいにとっては大イベント！　大はしゃぎで出かけていきます。

メニューを見ては盛り上がり、食事が運ばれたら大騒ぎ……としたいところだけれど、それは我が家ではご法度。そんなことしようものなら、母は突如《とつじょ》、オニ軍曹《ぐんそう》になるのです。

「やめなさい！」と怒るのではなく、「出ましょ！」ってピシャリ。「おとなしくできないなら、帰るわよ！」とオニ軍曹の決断がくだるわけです。

ポケットの中にあったゴミを、道路にポイっと捨てちゃったときもそう。

「拾ってきなさい！」

エレベーターを待っているときもそう。

「降りる人が先よ！」

あたしがどんなに「キキララ」と遊んでいても、母は「かおちゃん、遊ぶものが違うでしょ」とは言わなかったけれど、人に迷惑がかかることをしたら、どんなに小さなことでも「違うでしょ！」ってホントに怖い。

でも、おかげで「人として」大切なことを幼い頃から学べたのです。

**自分革命**

**人と比べる前に「ひとりの人間」として、当たり前のことをちゃんとするのはとても大事。**

# 「社会」は人を勝手に線引きするもの

あたしは、何者なのか――。

そんな疑問をずっと抱えていたけれど、答えは小学校入学直前に、唐突にやってきました。

「ただいま～！」

ある日、保育園から帰ると、あたしの机の上に段ボール箱が置かれていました。

「ランドセルだ～！」

あたしは、「キキララ」の通園バッグを放り投げて、ワクワクしながら箱を開けてみました。

え……？

なんか、黒いモノが入っている……。

それは兄と同じ、真っ黒のランドセルでした。真新しい皮のにおいと、ツルツルツヤツヤに光っている、怖いぐらいの黒！

ピンク色が大好きなあたしにとって、真っ黒な色はそれだけでかなりの衝撃でした。でも見た目の威圧感よりも鮮明に覚えているのは、

「あなたは、男」

という刻印を押されたと思ったこと。

黒いランドセルは、社会が勝手にあたしを〝男認定〟してきた出来事だったのです。うっすらとは、わかっていました。あたしは「男の子」だって。

「だけど違う！　やっぱり、あたしは女の子だもん！」

そう自分を誤魔化したり、言い聞かせてきたけれど、黒いランドセルは抗《あらが》うあたし

に対しての、とどめの一撃！　でした。

社会が勝手に、「あなたは、男」とあたしを線引きしてきたのですから。

でも当然ながら「はい。わかりました、あたしは男なんですね」なんて、思えるはずがありません！

社会が「黒」だと突きつけてきても、あたしはそれを頑《かたく》なに拒むことで、自分を守っていたのかもしれません。

## 希望どおりにいかないなら、違う方法を考える

あたしは黒いランドセルによって、自分の立場が明確に分けられたけれど、こんなふうに誰にでも人生のターニングポイントってあると思うのです。

受験で失敗するとか、就職できないとか、大好きな人にフラれたとか、努力していたのに報われなかったとか……。

いずれにせよ、それは「あなたには、無理」「あなたには、その資格がない」「あな

たは、その能力がない」って〝門前払い〟された気がして、すごく悔しいことです。ただ思うのは、望みどおりにならないからといって、「失敗」に直結するわけじゃないし、まして自分はダメって思うのはお門違いってこと。

望みが叶わないなら、叶う方法を考えてみればいいんです。

でも、やみくもにいろいろ望んで「あれも叶わない」「これも叶わない！」って嘆いてばかりいるのは、ちょっと違う。

自分は、何を本当に望んでいるのか。

それを知ることが、とても大事。

今の子どもたちは、ピンク、オレンジ、紫、茶色と、ランドセルの色は選び放題だけど、あたしの子ども時代は（と言ってもそんなに昔じゃないわよ）、黒と赤の2色が基本。他校では、カラフルなランドセルを持っている子どももいたけれど、あたしの学校は黒と赤だけでした。

## 第1章
## あたしは、ナニモノ？

当然、男の子が黒、女の子が赤。

あたしは、女の子だから、赤！

これは、ぜったいに譲れない望みでした。

黒いランドセルから解放されて、あたしの願いが叶ったのは、小学校の5年生のときです。

なんと〝白いランドセル〟になりました。

近所に新しいお店ができて、そのオープン記念で限定販売されていた白いリュックを、母と兄が並んで買いに行ってくれたのです。

すごくかわいい！　見た瞬間に、もう一目ぼれ。

「あ！　これ、ランドセルの代わりにしよう」って決めました。

学校では、たとえば骨折などしてランドセルを背負えない子は、サイドバッグだけで通学していたし、高学年ぐらいになるとランドセルを使わない子もいたので、その日以来、あたしの通学バッグは白いリュックになりました。

オセロみたいに、黒から白へ。

真っ白のリュックは、あたしを真新しい気持ちにさせてくれました。

黒いランドセルはそれからどうなったかって？　おもちゃ箱のいちばん奥に、えいっと隠してしまいこんでしまいました。

もしかするとコンプレックスも、方法や考え方を変えてみると、えいって放り出せるものなのかもしれません。

**自分革命**

**思いどおりにいかなくても、自分はダメって決めつけないで。本当に望んでいれば、方法は見つかるもの。**

# みんなの顔色を見ていても仕方がない

小学校1年生のある日、『世界まる見え特捜部』っていうテレビのバラエティー番組で、ニューハーフ特集をやっているのを見ました。

男の人が豊胸手術をして、どんどん変身してきれいになっていく内容でした。そのBefore・Afterを見ながら、「あたしも将来、こんなふうになるのかしら」と漠然と未来の自分を思い描いていました。

でも、現実は大違い。小学校に入るとキリがないくらい、あたしはたびたび〝男認定〟を突きつけられました。

たとえば「名簿」。

今の小学校は、男女混合の名簿が多いみたいだけど、あたしのときは、男女別にはっきりと分かれていました。あたしは当然〝男認定〟です。

体育の時間もそう。女子はかわいいブルマなのに、あたしは半ズボンでここでも〝男認定〟……。

幸い、小学校の友だちは、男らしくないあたしを冷やかしたり、いじめたりはしなかったので、学校という社会からどんなに〝男認定〟されようと、「あたしはあたし」を貫くことができたのかもしれません。

## 「自分らしくないこと」はしなくてもいい

小学校に入って友だちが増えると、困った問題が！

自分自身をどう呼べばいいの？　っていうこと。

一般的に、男の子は自分のことを「ボク」とか「オレ」と言い、女の子は「ワタシ」や「〇〇ちゃん」なんて自分の名前をちゃん付けで呼んだりするけれど、あたしはどうしたらいいだろう？

最初は「あたしはね〜」って言っていたけれど、見た目は男の子なわけだから、「ちょっとヘンかな？」「おかしいと思われてないかしら？」ってやっぱり不安です。

それで小学校３年生ぐらいまでは、周りに合わせて「ボク」と言っていたのです。言うたびに「何か違う」って思いながら。


ところが、あるとき、〝救世主〟に匹敵する呼び方が出現しました。

それが、「ウチ」。

関西地方を中心に、おもに女性が使う言葉ですけど、まぁ東京で使っても少々の違和感くらいですみそう。そう思ったときは、「これよー!!」っていうくらいの大発見でした。でも……。

「マジちゃん（そう呼ばれていたんですよ）、今日どうする？」

「ウチはね……」

「マジキナ（そう呼ばれるときもあったんですよ）、宿題やってきた？」

「ウチはさ……」

ん〜……。全然、自分らしくない！

だいたい、生まれてこのかた「ウチ」なんて使ったことないんだから、やっぱり無理です。

で、どうしたか。

「あたしね……」

って、結局、いつも家で言っているように、今までがそうだったように、「あたし」を使うことにしたのです。

何か特別な覚悟があったわけじゃない。ただ開き直っただけ。

「自分に合わないことはするもんじゃないな」って思ったのです。

そのせいで誰かに、「女みたい」だとか、「キモい」と言われて傷つくかもしれないけれど、それも含めて、もういいやって思いました。

「開き直り」って、けっこう大事。

開き直るって、ああだこうだと悩んだ挙句、「もう、どうにでもなれ！」「あたしは、こういう人間なんだ。文句あるか！」って、自分のあり方を決めてしまうってことでしょう。

誰だって「人に嫌われたらイヤだな」って思うから、周囲が求める「私」に合わせようとしてしまうけれど、それを続けていたら、やっぱり自分ではなくなっちゃう！

無理して、どんどんしんどくなるぐらいだったら、開き直って自分がラクな方向に向かえばいいんじゃないのかな。

**自分革命**

**自分らしくないことをし続けると、しんどくなる。だから開き直ることも、ときには大事。**

# 第2章
# 自分のために闘うとき

# いいことも悪いことも「自分だけではない」ことに気づく

あたしの中学時代は、ひと言で言えば、〝暗黒時代〟。

ただでさえ思春期は気持ちが不安定なのに、そのうえ第二次性徴の時期。声変わりがあり、体もどんどん男っぽくなっていきます。

心は女子なのに、体だけがどんどん男に変わっていくのは、自分ではなくなっていくような恐怖を感じます。

体形が変わるのは、女子も同じ。胸はふっくらしてくるし、生理がやってくるし、女らしい体つきに変わっていきます。

男子と女子の見た目が違っていくことは、あたしにとっては残酷な現実でした。

自分の体を見ても、周りの女子を見ても、それは全部、「あなたは女の子じゃない」って証拠を突きつけられているようなものだから。

体の変化はどう頑張っても抵抗できるわけもなく、なるべく考えないようにしていたけれど、この男女差の壁は、いつでもどんなときにも、あたしの心の中に立ちはだかって居座りました。

さらに追いうちをかけるように、声変わりまではじまったのです。

小学校高学年くらいから、なんとなく喉の調子が悪くて「風邪かしら？」と思っていると、それは変声期の到来を告げる変調でした。そしてはっきり声変わりをしたのが、中学生のときです。

ある日、みんなでカラオケに行ったとき、どうもいつもと違います。

「これじゃ、まるで壊れかけのラジオじゃない……！」

ついに前は歌えたはずの高い音域が出なくなってしまいました。

筋肉や骨格も発達していき、体つきはどんどんゴツゴツしていきます。

とくにイヤだったのは、膝とお尻。今、思い出しても「イヤー！」って叫びたくなります。

膝のお皿がボコっと出てくるのが、すごく不細工！　お尻の形も、角張った男尻で不格好です。

膝は仕方がないとしても、せめてお尻は女性らしいふっくらしたお尻にしたい！　そう思ったあたしは、毛糸で編んだモコモコしたマシュマロパンツをはいて、さらにお尻の左右にそれぞれハンドタオルを1枚ずつ入れました。試行錯誤の末に、丸みのある〝自作のお尻〟の完成です。

この〝ニセ尻〟は歩いているとき、ハンドタオルがポロンと落ちたりして、何かとハプニングがつきものでした。

もちろん、性器の変化だってあります。体のラインが出るローライズのデニムが流行《はや》ったときは、性器が強調されないように、下着を2枚重ねにして、できるだけ目立たない工夫をしていました。

誰でもこの時期は、オトナへの変化に戸惑うものだけど、あたしも女子の体に近づくために、全力で工夫をしていたのです。

## ⚜母の作ってくれたおっぱい

男子と女子の体でいちばんの違いは、何といってもおっぱいです。

おっぱいは男女限らず、みんなの憧れじゃないかしら。

おっぱいがない——。

この事実は、あたしに相当なコンプレックスとしてのしかかってきました。

女子の友だちは、少しずつふっくらしてきたのに、あたしだけいつまでたっても膨《ふく》らみません。膨らむはずもありません。

「いつか豊胸すればいいんだ」

そんなふうに自分に言い聞かせるけれど、やっぱり友だちの膨らんできたたおっぱいを見ていると、うらやましくなりました。

そこである日、思い切って、母に言いました。

「あたし、おっぱいが欲しいの」

母は、「ああ、そういうことか」という表情をしたあと、こう言いました。

「そうだよね。かおちゃんは女の子だもんね。欲しいよね」


そこで、母とあたしの試行錯誤が再びはじまりました。

はじめはヌーブラに挑戦。ヌーブラはシリコンでできたもので、粘着性と弾力性があります。

試してみると、これがまったくつかない!

膨らみのあるおっぱいの上にはヌーブラはつくけれど、それがないあたしの胸には、まったくつかないのです。

すると、母は何枚もブラジャーとパッドを買ってきて、あたし専用の〝ニセ乳《ちち》〟を作ってくれたのです。

〝ニセ乳〟は、ブラジャーにコットンのパッドを何枚か縫いつけたもので、それをつければ出来上がり。〝ニセ尻〟の「おっぱい版」のようなものです。

完成した〝ニセ乳〟はBカップぐらいのもので、中学生にはちょうどいいサイズ。

あたしは嬉々として、毎日、それをつけて学校に行きました。

誰だって、生きているといろんな制限があるのは仕方ないことです。

本来、体の成長は嬉しいことのはずなのに、あたしにとってそれは、生きにくくなることでしかありませんでした。それでも、女の子でいたかったあたしは、制限の中でやれることは精一杯やっていたように思います。

## あたしだけが不幸!　そんな時期は誰にでもある

「もう、イヤ!!　あたしだけが不幸!!」

変わっていく体にあれこれと必死に抵抗していると、ふとそう思うときがありました。

あたしだけがすごく悩んでいる!

なんでみんなはいつも笑顔でいられるの？

なんでそんなに能天気なの!?

……なんて誰かれかまわずに毒づきたくなるときもありました。

あたしの中学校の男子の制服は、簡単にネクタイをつけられるように、ホック式のネクタイでした。でもたまにカッコをつけて、普通にネクタイを締めてくる生徒もいました。ホックのネクタイは「止めネク」、締めるネクタイは「締めネク」といいます。

あるとき、男子たちが集まって「先生に締めネクがバレちゃったよー。そのぐらい別によくね？」なんて不満を言っている会話が聞こえてくと、あたしは思わず「幼稚だね〜。そんなことで悩めるあんたたちが、うらやましいよ」なんてナナメに見たり。

思春期って、誰でもみんなが悲劇のヒロインになりたがるでしょう。自分だけが特別で、自分だけが大きな問題を抱えているって、つい思いがち。

でも、そうじゃないって今のあたしは知っています。

当時の同級生は、みんなそれぞれに、悩みやイライラ、不安を抱えていたんだろうなって、わかっている。あたしだけではなく、みんなの心の中も、いろんな悩みが浮かんでは消えて忙しかったはずです。

うわべだけ見て人を判断しちゃダメね。

渦中にいると難しいけれど、ちょっと引いて物ごとを見る視点は、考え方を広げるためにも大事。

**自分革命**

**「どうしてあたしだけがこんな目に……」って被害者意識をもったとき「あたしだけじゃない」ってほんの少し見方をスライドさせてみて。**

# まずはやってみなければ、結果はわからない

これまでも話してきたとおり、見た目は違っても、あたしはずっと女の子です。だから、おっぱいも欲しかったし、スカートだってはきたいと思っていました。

そうは思っても、仕方なく男子の制服で中学校に通っていました。

母はとっても自由にあたしを育ててくれたけれど、でも物心ついたときには、なぜか家ではズボンしかはきませんでした。

リボンがついているかわいいトレーナーを着ることはあったけれど、スカートはなかったんです。

成長するにしたがって、人の目が気になっていき、小さいときにはなかったはずの

「人と自分を比べる目」がむくむく育っていきます。

女の子になりたくても、「男がスカートはいてる〜」なんてからかわれるのは耐えられません。だから、したいのに、できなかったのです。

人と違うことしたら恥ずかしいって思うのは、あたしだけじゃないでしょう？

思春期のまっただ中は、それでなくても複雑な感情が交錯するもの。あたしの場合は、余計にそうだったのかもしれないけれど。

だけど、やっぱり……。


「どうしても、スカートをはきたい！」


その気持ちが抑えられなくなっていきました。

だから、ある日、母に言いました。

「女の子の格好がしたいけど、でも、どうしたらいいのかな……」

すると母は「そう」と、かんたんにひと言。

「どうせなら、今流行《はや》っている洋服にしようか」

そして、ある日、「かおちゃん、いっしょに買い物に行こう」とあたしをショッピングモールへ連れ出してくれたのです。

母は、中学生の女子の間で流行している服を調べてくれて、白いタートルネックのセーターと、マイクロミニのスカートを2枚、それから、厚底で茶色のかわいいショートブーツを買ってくれました。

当時のあたしの足のサイズは24.5㎝。女子にしては大きいほうだけれど、ギリギリセーフです。

あたしは今でこそ、カラフルな色の服も大好きだけど、当時は茶系や緑系の地味なものしか手に取りませんでした。

小さい頃は、あんなにピンクが好きだったのに……。「そんなに派手にしちゃダメ」って〝自己防衛センサー〟が働いていたのかもしれません。

それに、女の子になりたいって思っていても、いざ「女の子の服装をしよう！」となると、何をどうしたらいいのか、何を選べばいいのかわからない……。

女の子は周りにいっぱいいたけれど、いざ「女の子」になろうとすることは、あたしにはまだまだ現実味のないことだったのです。

母と買い物に行った日。もう一つ嬉しいプレゼントを買ってもらいました。

なんと女性の必須アイテム、マスカラ！

家に帰ると、母はあたしにお化粧の仕方も教えてくれました。

それからしばらくは、母のお化粧道具も借りながら、メイクの練習ばっかりしていました。

## スカートデビューは、〝女子デビュー！〟

部屋の中には、マイクロミニのスカートが輝いています。見れば見るほど、少しずつ女の子に近づいていくようなトキメキ！　着てみるたびに、女の子になったようなドキドキ！

かわいらしく着こなして、街を歩く自分の姿を何度も想像してワクワクしていました。

そして、とうとうその日がきました。

ある日、クラスの女子から「今度、みんなでプリクラ撮りに行こうよ」と誘われたとき、あたしは「行く行く〜」と言いながら、心の中でガッツポーズ。スカートをはく、またとない機会がやってきたのです！

ドキドキしながら友だちに聞いてみました。

「女子みたいなカッコして行っちゃうけどいい？」

ドン引きされたらどうしよう？　いやぁな空気になったら、「なんちゃってねー」って笑えばごまかせるかしら？

そんな不安が一瞬よぎったけれど、みんなはあっさりと「もちろんいいよ〜！」って。拍子抜けです。

そしていよいよ当日。その日は朝から心臓がバクバクでした。

白いセーターにショートブーツ。そしてマイクロミニのスカート。完全に女子です！　自分でほれぼれ。

玄関から一歩外に出てみると、家で着ていたときの感覚とはまったく違います。

あれ、ちょっと足がスースー……。なんだか心もとないわ。

今までに経験したことがない、この感覚こそが、女の子っていうものかしら！

一歩一歩、歩くたびに少しずつ慣れて、人目も気にならなくなると、「薫ちゃんは女の子よ」ってみんなが認めてくれたような気がしてきます。

正々堂々と歩くって、すごく気持ちがいい！

風に吹かれて颯爽《さっそう》と歩いている自分の姿を頭の中で想像してみます。スカートがヒラヒラ。そこから細い足がすーっと出ている……。

あれ？

あ、足……！

ふと気がついて見てみると、膝のお皿がゴツゴツです……。これじゃ、いかにも男じゃない！

みんなに、びっくりされちゃうかしら……？

そんな心配が頭の中でグルグル渦巻いていると、遠くから友だちがやってくるのが見えました。あたしを見つけた一人が叫びました。

「やだー！　マジちゃん、かわいいじゃん！」

その場にいたみんなが「似合ってるよ～」「足が細くていいなぁ」なんて褒めてくれます。みんながあたしを受け入れてくれたのです。

あたしは「えー、そうかしら!?」なんて言いつつも、内心は嬉しくて舞い上がっていました。

「かわいい」って言われるのも嬉しいけれど、それ以上に、みんなに受け入れられるって、すごく幸せ！

あたしは、安堵感と喜びで胸がいっぱいになり、温かい何かが心の中を駆け巡ったのでした。

## 自分が思うより、周囲は優しい

ついに、あたしは女子の仲間入りです！

あたしは当時、すでに女子の中では背が高いほうでした。いっしょにいた女子たちより、頭ひとつ大きいのです。だから、みんなで「せ〜の！」で収まったプリクラの１枚は、あたしだけが見上げるような大女！　みんなでゲラゲラ大笑いしながら出来上がったプリクラを眺めました。

大女でも、いいの。

女だから！

足が大きくてもいいの。

女だから！

女として受け入れてもらえたあたしは、とにかく嬉しくて幸せでした。

あたしはそれまで、友だちに面と向かって「実はあたし、体は男だけど中身は女で……」なんて自分についての説明をしたことはありませんでした。

でも、ずっと「あたし」って言っているし、話し方もまさに女の子。だから友だちは自然に察してくれていたのでしょう。

スカート姿のあたしを見た友だちは、「あ、そういうことね」って、日常の一コマみたいに普通に受け入れる度量をもっていてくれたのです。その寛大さは、少なくともあたしの心をとっても軽くしてくれました。

受け入れるって、簡単そうで難しい。

あたしがその立場だったら、どうしていただろう？

どういう言葉を言えたかな？

自信をもって「かわいいね」って言って受け入れられたのかしら？

人に受け入れてもらうことばっかり求めて、あたしは人のことをちゃんと受け入れられているのかしら……。

ハタから見れば男子のあたしが女子の格好をしているわけだから、「女装してるオカマだ」「キモい」って言う人もいるかもしれません。

あたしはそれに怯えて、常に警戒態勢でした。

笑われるよ、からかわれるよ、嫌われるよって。

でも、世の中は、あたしが思っているよりも、ずっとやさしい。それを疑っていたのは自分だし、そのやさしさを信じられなかったのも自分でした。

目の前の人を色めがねで見て判断して、やさしさを素直に受け入れられなかった自分がいたのかもしれません。

信じるものは救われる！

と言った先人の言葉は、本当なのね。でも……。

やさしさは人のとっても素敵な一面だけど、人はそういう面だけではありません。

そんなに単純ではないということ。

やさしさや寛大さの裏には、狡猾《こうかつ》でズルい面もあるものです。それをあたしは、ほどなくして思い知ることになるのです……。

**自分革命**

**もっと人を信じてみて。先入観という色メガネを外してみれば、意外に周囲は優しいもの。**

# どんなに攻撃されても、味方がひとりいれば大丈夫

中学生も半ばを過ぎた頃、あたしの興味はお化粧やファッションのことばかり。茶髪にしてみたり、マスカラやマニキュアに凝って、ときには授業中でもそんなことをしていました。

勉強は好きじゃないから、授業もつまらない。運動なんて、もっとイヤ！　水泳の授業なんて、断固反対です。

中でもキライだったのは柔道の時間。あの男子独特のニオイはどうしても我慢なりませんでした。その上、いかめしい体育会系教師が「オラオラ！　おまえら何してんだよ！」なんて怒鳴る授業って「いったい何なの!?」って冷やかに見ていました。

結局、せっかく母に買ってもらった柔道着は、一度も袖を通しませんでした。

そんなあたしの学校生活は、時々休んで、時々登校するという感じで、決して優等生とはいえません。学校では、どちらかというと、ちょっと「変わった子」という扱いだったのはたしかです。それでも、友だちはいたし、やりにくさを感じながらも、平穏な生活をしていました。

## ⚜女の敵は、女だった⁉

でも、ある日の出来事を境に、生活が一変しました。

こんな経験は、みんなもないかしら？　最初はほんの小さな出来事のはずが、あれよあれよという間に自分の意図しない方向へ進んでいき、いつの間にか大きな出来事になってしまっていたっていうこと。「こんなはずじゃ、なかったのに」っていうこと。

きっかけは、本当に些細なことでした。

あたしのクラスの女子が、同じクラスの１人の女子を、胸がないから「乳《ちち》ナシ」ってからかっていました。

女子にとって「胸」はとってもデリケートな問題。とくに思春期の中学生は、大きくても小さくても悩んでしまうくらいに、いつだって胸は悩みの種。

それをいちばんわかっているのは、女子のはず。それなのに、女子が女子をはやし立てるなんて！

「女の敵は女」とはよく言ったもので、すでにその闘いは中学生のときからはじまっていたというわけ。しかもそのときは「1対大勢」という、ものすごく卑怯《ひきょう》な構図です。

からかわれているその女子は、「乳ナシ」って言われるたびに、すごく傷ついているように見えました。

その瞬間、自分の中にある正義感が、発動してしまったのです。

「そんなこと、言っていいの？」

「あんたらだって、ペチャパイじゃん！」

「ペチャパイで、ブスじゃん！」

こんな感じで、あたしはがんがん怒って言ってやったのです。まあ、あたしもこのとき「ペチャパイ」だの「ブス」だのって言っているわけだけどさ……。これって正当防衛にならないのかしら!?

とにかく、あたしがいじめられている女子をかばってそう怒鳴ったら、どうなったと思う?

なんとなんと！　いじめられていたはずの女子が、自分を「乳ナシ」とからかっていじめている女子たちに〝寝返った〟のです。

つまり、いじめられていたはずの女子が、自分をいじめていた女子たちにまざって、あたしを攻撃しはじめたのです。

あれ……。いつの間にか、あたし一人?

弱い者を守ったはずのあたしは、ヒロインになるどころか、孤立無援状態です。

どういうこと!?

女子って、こんなに複雑なの!?

あたしは思わず「この乳ナシめ……」って思ったわ。

でも、同時にこうも思ったの。

その子が悪いわけじゃない……。

人は、多数派に群がるもの。だから、そういうことかって冷静に受け止められたのです。

「長い物には巻かれろ」って心境になるのもわかります。それを必ずしも弱いとは言えません。

学校は社会の縮図です。自分の中にある〝自己防衛センサー〟が鳴り響いたら、多数派になびいておくほうが何かと安心なときもありますから。

そういうふうに冷静に思えたのは、もしかすると、小さい頃からあたしは少数派の人間だったからかもしれません。

## ⚜女子軍団からの辛辣《しんらつ》な「オカマ！」攻撃

そしてここから、話は急転直下に展開します。まさに、あれよあれよという感じに。その日を境に、あたしは、「いじめていた女子＋いじめられていた女子」の女子軍団から、「オカマ」とか「キモい」という〝口撃〟を受けるようになりました。

不思議に思うかもしれないけど、あたしはそれまで「オカマ」と面と向かって言われたことはありませんでした。まして、いじめられることもなかったのです。

当時のあたしは、男子の制服を着て、髪の毛も短かったので、外見は完全に男子。でも、ネイルをして、しかも指先にホワイトを塗ったフレンチネイルにしたりと、細部は完全に女子でした。

あの頃は、「モーニング娘。」が全盛期で、あたしは矢口真里ちゃん推し。生徒手帳にはやぐっちゃんの顔写真の切り抜きを入れていて、あるときそれを見た男子が「マジちゃん、『モーニング娘。』に加入したいとか言い出さねえよな？」なんて冗談言われたことはあったけれど。

そんなときも、「いやだあ！　入らないよぉ」なんて答えて、爆笑していたくらいです。

こんなふうに、男子の格好でありながらも女子がにじみ出ていたはずなのに、「女みたいだな」「オカマかよ」なんて指摘されたことはなかったのです。

まぁ、それを突っ込んでもややこしくなりそうだから、見て見ぬフリをしていたのかもしれないけれど、とりあえず、それはそれで、日々平穏ではあったのです。この「オカマ」ワードが出てくるまでは……。

でも一度「オカマ」という言葉が飛び出したら、もう大爆発です！　急所を突いてくる！　攻めてくる！　女子ってなんて残酷なの!?

「男のくせに！」

「オカマ！」

「キモいよ！」

あぁ、世の中は、必ずしも正義の味方が勝つわけじゃない（あたしが正義の味方かどうかは別として、ね）。

何か悩みや問題があったとき、あたしの相談相手は母でした。だって世界一、あたしのことを理解してくれる存在だから。そして、どんなときも味方になってくれるって信じているから。

だから、彼女に話せばそれで十分でした。救われたし楽になったし、気持ちが整理できました。

あたしにはそんな母がいたから、それ以外の人に対して、過大に期待しなくてもよかったのかもしれません。

「どうしてみんなわかってくれないの?」

「あたしの気持ちを理解してよ」

「こんなにがんばっているのに、どうして認めてくれないの?」

というふうに、いろんな人に「わかって欲しい」「なんとかして欲しい」という願望はあまりなかったのです。

味方はいないよりも、いたほうがいい。

でも、ひとりいたら十分。

親じゃなくてもいい。兄弟でも、友だちでも、先生でも誰でもいい。

ひとりだけでもいいから、「この人なら信頼できる」という人がいたら、どうにか心の平穏は保てるものだと思います。

もしかすると「あたしには、そのひとりだっていないよ！」と言う人もいるかもしれません。

でもよ〜く考えてみて。本当に、ひとりもいないのかしら？

**自分革命**

**ひとりでいい。「この人になら、なんでも話せる」という人をもちたい。それだけで人は生きていける。**

# どん底だと思ったら、思いっきりジタバタしてみる

いじめの仲裁に入ったはずが、今度はあたしがいじめられる羽目になって、あたしはどうしたと思う？

泣き寝入り？　まさか！

だってあたしは何も悪いことはしてないんだから。

もちろん仕返しです。平和を脅かされたら、誰だって闘うでしょう？　みんながスイスみたいに永世中立国だと思うなよ！　そんな意気込みでした。

そこまで気持ちを奮い立たせて、あたしが何をしたかというと、「紙吹雪《ふぶき》作戦」でした。

いらなくなった紙をハサミで細かくチョキチョキと切って、対決している女子のお道具箱に突っ込んだのです。

鼻息荒く仕返しを計画した割には、やっていることは子どものいたずら並み。でも、お道具箱を開けたときの彼女たちのギョっとする顔が見たくて、そりゃもうたくさんの紙を切った切った切った！

こんなとき、みんなだったら、どんな仕返しを考えるのかしら。

悪口を言いふらす？　先生に言いつける？　それは卑怯なやり方で、あたしは好きじゃありません。

暴力でカタをつける？　いやいや、あたしは腕力も体力もないから、闘いを挑んだところで力尽きてしまいます。

相手の持ち物を壊す？　それもないない！　なぜなら、うちは母子家庭で貧乏だったので、モノを粗末にできなかったのです。

お母さんとファンシーショップに出かけて、たった1本のかわいいボールペンを買ってもらったことも、大切な思い出にしているあたしには、一つひとつのモノにエピソードがあります。だから、たとえ仕返しだとしても、モノを粗末にするなんて論外でした。

そんなわけで、あれこれ考えた結果が、「紙吹雪作戦」だったのです。

紙は不要な紙を使ったから無駄にしていないし、人もモノも傷つけていない。だけどちょっと、ドキッとさせられる。

あたしにとって、これはまさにベストな仕返しだったのです。

## 仕返しは、仕返しを生む

果たしてどうなったかというと、あたしの目論見どおり、女子たちはお道具箱を開けた瞬間、「なにこれ〜!」ってびっくりしていました。お道具箱に入れた紙吹雪は、床にバサバサ落ちていきました。

そしてあたしは、そんな様子を見て心でガッツポーズ!「あぁすっきりした!」となるはずが、仕返しは、さらなる仕返しを生むのです……。

女子の1人が、「真境名くんに、いじめられた」ってあたしを名指しして泣き叫び出したのです。

それを見て、周りの女子もわらわらと援護射撃に加わって、あたしを睨《にら》みつけ、ヒステリックに責め立てます。

「ひどい！」

「男子が女子をいじめてる！」

「いじめるなんて、サイテー！」

いじめ……（絶句）。

あなたたちが、先にあたしをオカマ呼ばわりしたんじゃないの！　大勢で寄ってたかってあたしのことをいじめたんじゃないの！

あたしは、思わず言ってやりました。

「うるさい、ブス！」

でも向こうも負けていません。

「ひどい!! マジキナくんがブスって言った!!」

「ひどい!! ひどい!!」

「マジキナくんがいじめた!!」

多数派の声は、とにかくでかい! そして、そのでかい声は、あたかも真実かのように、周りを錯覚させていきます。

か弱い〝フェミニン男子〟が、一生懸命に反論しても、そんな小さな声は、確信犯の泣き声にあっという間にかき消されてしまうのでした。

でも……。

お道具箱に紙吹雪を入れたことって、「いじめ」って大合唱されるくらいにひどいこと? 泥を入れたわけじゃないし、血のりで怖がらせたわけでもない。お道具箱を開けた子は、「ヤだ! なにこれ!」って思うだろうけど、空中にパーっとばらまけばいいだけの話じゃない。

でもこんな言い訳は、このあと木端《こっぱ》微塵《みじん》に粉砕《ふんさい》されるほどの出来事へと発展していくのでした。

## ⚜〝フェミニン男子〟が全力で教師6人と闘うとどうなるか？

「ちょっと、資料室まで来なさい」


「紙吹雪事件」があってから数日後、あたしは担任の先生に呼び出されました。

「紙吹雪事件」という名の〝いじめ〟について、話を聞きたいと言うのです。

あたしは腑《ふ》に落ちないまま、とにかく資料室に行ってみると、全4クラスある担任の先生が全員いました。

さらに、学年主任と副主任まで来て、総勢6人の陣営です。

ここでも、多勢に無勢です。

威圧感をまき散らしながら、6人がそれぞれ何の力もない〝フェミニン男子〟に向かって説教をはじめました。

「なんで、いじめたんだ」

「なんで、紙くずなんて入れたんだ」

「どうしてそういうことをしたの！」

代わる代わるに聞かれるたびに、あたしは、「それは、乳ナシってあだ名をつけられた子がいて……」とか「止めようとしたら……」とか言いかけるけれど、すぐさま「口答えするな！」と怒鳴られます。

挙げ句に、「お前、いつもウソついているよな。当事者の生徒に聞いたけど、乳ナシなんてあだ名で呼ばれたことないって言ってたぞ」と言うではありませんか。


はめられているのか。

ウソをつかれたのか。

どこから話せばいいのか。

あたしが知っている「本当のこと」を話そうとしても、相手には全然届きません。

だんだん混乱してきます……。

「負けずに言い返さなくちゃ！」なんて元気は、どんどん消え失《う》せていきました。中学生のあたしにとっては、部屋に閉じこめられて大勢の大人に囲まれるというだけで、それはただただ脅威だったのです。

あたしはもう押し黙るしかありませんでした。すごく悔しくて言い返したくても、声がかき消されてしまうのだから、黙るしかないのです。

多勢に無勢とはこのこと。孤立無援です。

それは今後、あたしの「学校嫌い」に拍車をかけるのに十分な理由になりました。

このときは、どん底。その一言に尽きます。

「なにもかもイヤだわ！」

「最低よ！」

「なんでこんな目に遭わなきゃいけないの」

こんな思いばかり頭の中を行きかって、行き場のない悔しさが募りました。

でも……。

現実が真っ暗闇に見えるときは、苦い思いを抱えたままジタバタしていいと思うんです。無理に「大丈夫」って自分に言い聞かせて感情にフタをしたって、いずれ、ふとしたときに、どす黒い思いがフツフツと湧いてきちゃうものだから。

ジタバタするときは、ジタバタすべき。


でもいつまでもそうしていたって、状況は何ひとつ変わりません。

だから、一歩。たった一歩でいいから、踏み出してみよう。そうすれば、きっと世界は変わるはずです。

当時は、とてもそんなふうには思えなかったけれど、あたしはそれを今、はっきりと、堂々と言えます。

映画『アナと雪の女王』のエルサみたいに、自分の殻《から》に閉じこもるのも、その人の生き方。だけど、自分で何かを変えようとして勇気を出して、「はじめの一歩」を踏み出す生き方もあります。

動き出せば、現実は変わる。

それを知っている人なら、たぶん、一歩踏み出すほうを選ぶんじゃないかしら。

あたしはこのあと、その一歩を踏み出します。

「新たな一歩」を踏み出すためにも、「もうイヤ！」「耐えられない！」って思う存分、ジタバタする時間はあっていい。それが、〝助走〟になって、大きなジャンプにつながると思うから。

自分革命

## どん底にいるときは、ジタバタしたっていい。

# 窮地に追い込まれたとき、本音は爆発する！

真剣な場面ほど、真逆の態度をとってしまうことってあるでしょう。お葬式とか厳《おごそ》かな式の最中とか、そして先生に怒られているときとか。

あたしの場合、６人の先生に囲まれている状況がまさにそれ。

「なんだ、ここは拷問部屋!?」

そう思ったら、あたしはだんだん面白くなってきてしまったのです。すごく悔しいのに、泣きそうなのに、思わず「プッ」て噴き出して笑っちゃった。

そしたら、すかさず、「ヘラヘラすんな！」って６人から怒声が！　さらに追い打ちをかけるように、先生の一人が、「授業中に化粧をしているだろう」とか「なんで授業中にマニキュア塗るんだ！」なんて、全然違う話を持ち出してきました。

いじめについてあたしの意見を聞こうとしているのではなく、ただあたしに文句を言いたいだけみたい！

先生たちは日頃のあたしの授業態度を良く思っていなかったので、今回の事件に便乗して、ひと言文句を言ってやろうという魂胆《こんたん》だったのでしょう。見え見えですよ、そんな作戦は。

「なんか話、違ってきてない？」

このとき、あたしの気持ちはパチン！　ってキレる寸前です。

だって、思い出したのです。いつだったか、目の前の先生に、「お前、なんでマニキュアなんて塗ってんだ。頭おかしい」って言われたことを。


頭、おかしい――。

そのときのことがフラッシュバックされました。なんだか今我慢していることが、すごくイヤになってきました。

すごくバカバカしい……。これはもう、笑えない！　「頭、おかしい」って言うあんたたちこそ、おかしいよ！

そんなくすぶった気持ちが津波のように襲いかかってきて、どうにもこうにも抑えきれなくなったのです。

１人の女子をかばっただけなのに、自分が悪者にされたこと。かばった女子に裏切られたこと。誰も傷つけない仕返しだったのに、大騒ぎされたこと。みんなで寄ってたかってそれは「いじめ」だって責められたこと。そしてあたしが、同級生からも、そして今こうして先生からもいじめられていること……。

さらに今まで抑え込んできたいろんな感情が、頭の中をかけ巡ります。

小さい頃、本当はたくさん我慢してきたなとか、いろんな葛藤をしてきた自分はバカみたいだったなとか、楽しかった思い出は、あたしがそう思いたかっただけなのかなとか、そして、あたし、ずっと後ろ指さされてたのかな……とか。

……もう、耐えられない!!

そう思った瞬間に、こう言っていました。

「あたし、スカートをはいて、学校に行きたいんです……!」

小さな声で途切れ途切れにしか言えなかったけれど、でも、はっきりと言いました。

あたしは心の奥深くに持っていた伝家の宝刀を抜いたのでした。

## ⚜ 爆発した気持ちは、木端微塵に踏みにじられる

このひと言は、つい出てしまった言葉だけれど、溜《た》まりに溜まっていたあたしの心が爆発した言葉でした。

言ったあと、あたしはこの言葉を噛みしめました。あぁ、あたしはこのひと言が言いたかったんだって。

でも、先生たちの反応は、「はぁ!?」。

「いきなり、何を言い出すんだコイツは!?」という感じです。あたしと先生たちの温度差はあまりに違いすぎました。

たしかに、「おまえ、女子のこといじめただろ」っていう話と、「スカートはいて学校に行きたい」っていうあたしの告白は、まったくつじつまが合いません。かなり唐突だっていうことも、よくわかっています。

「そんなこと言えば、今回のことが許されると思ってるの?」

今度は、担任の女の先生にそう言われました。

「あ……」

そうよね、そう受け取られるのがオチだった。バカだったわ、あたし。

その先生とは、いちばん折り合いが悪かったのです。

ある日のホームルームのときのこと。

その先生が、どんな理由かわからないけれど、なんだかあたしにすごくからんできたときがありました。

あたしもダメなところがたくさんあったかもしれないけれど、理由も言わずにからまれるなんて納得いきません。

だからそのとき「あ〜、面倒くさいなあ」って、思いっきりイヤそうな顔していたのです。

そして、終わりを告げるチャイムが鳴ると、まだ先生の話は途中だったけど、さっさと教室を出て行ったことがありました。

そうしたら、「マジキナ!!」ってすごい剣幕で追いかけてきました。「まだ話は終わってないわよ！」って、ヒステリックに怒鳴りながら。

相手がヒートアップするほど、こっちはどんどん冷めていきます。だからあたしは、キレるでもなく、ひるむでもなく、冷静に言いました。

「ごめんなさいね。あたしの態度も相当、子どもっぽかったわ。でもさ……、先生も大人になったらどう？」

この「先生も大人になったら？」というひと言に、先生は爆発！　触れられたくない心のヒダに触れたのでしょう。家に電話をかけてくるほど、怒らせてしまったのです。


こんな一件もあって、この先生とはどうも相性が合わないのでした。

でも、どこかで期待していました。

「やっぱり真境名さんは、気持ちはいつも女子だったのね」

「それが言えずに、荒れてたのね」

「先生、気づいてあげられなくて、ごめん」

なんてね。そういう言葉を、どこかで密かに待っていたのかもしれません。

でも、あたしが期待した反応とは１８０度、違いました。

さらに、その先生の言葉に続けて、ほかの先生も同調してあたしを批難しはじめました。

「そんなこと言えば、いじめの件がチャラになると思ったら大間違いだぞ！」

１％でも先生を信じたかったあたしの気持ちは、木端微塵に砕け散りました。

6人いた先生の中には、あたしが「女の子」みたいだな、「スカートはきたいんだろうな」って思い当たる人はいたはずなのに……。

伝家の宝刀はいざ抜いてみたら、錆びついてました……。

## 都合の悪いことは「なかったこと」にする!?

このときのことを思い出して思うのは、人は自分の理解を超える出来事に遭遇すると、「なかったこと」にするのではないかということ。

男子なのに「スカートをはいて登校したい」って言う生徒に対して、とっさにどう対応していいかわからなかったら、「聞かなかったこと」にしたいんじゃないかって思ったんです。

もしくは、自分にとって都合が悪いことは「見なかったこと」「知らなかったこと」「わからなかったこと」にするんじゃないかって。

だって関わると面倒くさそうだし、ややこしそうだから……。

だから「前例がない」とか「常識から外れている」とかいろんな言い訳をつけて、すべてをなかったことにしたいんじゃないかしらって思ったのです。

とりあえず、あたしが卒業してくれたら、「なかったこと」にはなりますから。

実際に、その女の先生は、本当に「なかったこと」にしていました。

実は、この「事件」から14年後の最近、この先生と電話で話す機会がありました。電話とはいえ緊張する〝再会〟でした。

あたしは、当時のことを鮮明に覚えていたので、緊張しながらも、こう話を切り出しました。

「あたしがスカートはいて学校に通いたいって言ったとき、あなたを含め６人の先生に『何を言ってんの？』って一蹴されたんですけど……」

そしたら、先生は言いました。

「いや、そこはね、申し訳ないけど覚えてないのよね」

え？　覚えてないって……。

男子がスカートをはいて登校したいって言った前代未聞の〝大事件〟を覚えてないって、あり得ないでしょう……。

あたしの伝家の宝刀は、彼女にとっては幻だったようです。

そこで思ったのです。

「やっぱり、なかったことにしたいのね」と。


こういうことって、世の中にはたくさんあります。権利や立場を守るために、「現実」から目を背けて、目の前の事実をなかったことにしてしまうことは、よくある話。たとえその事実の裏には、泣いている人がたくさんいるって知っていても、現実を直視するのが怖い人はたくさんいます。


でも、逆に考えてみて。

先生が「覚えていない」と言っている出来事に、あたしはずいぶん長い間、心を痛めてきました。

それって悔しい！　って思う反面、人が覚えてもいないことに、あたしがいつまでも悩む必要はない、ということです。まるで自分だけが居もしないこわ〜い幽霊を見ているようなものでしょう？

他人は案外、人のことなんてお構いなし。気にしていたら損するだけ。そう思えば、ちょっとは気が楽になります。

だから、当時のあたしに言ってあげたい。

「大丈夫、誰も覚えていないから、あなたも早く忘れてしまいな」って。

結果的に、この「拷問部屋」の事件によって、あたしはまさに「女」として歩み出すことになりました。

あたしの一歩を踏み出す人生最大のハイライトは、ここからはじまります。

**自分革命**

**人は自分の都合が悪いことは忘れる。だから、自分も忘れてしまおう！**

## 拙《つたな》くてもいい。自分の思いは、自分の言葉で話そう

家に帰って、さっそくその日にあったことを母に話しました。

6人の教師に囲まれ詰問されたこと、思い余って「スカートをはいて学校に行きたい」と言ってしまったこと、そしてそれは全員に一蹴されたこと……。

そのつもりがなくても、言いはじめたら涙はどんどんあふれてきました。

母はしばらく黙ってあたしの話を聞いていたと思ったら、いきなりキレました！

「ひとりに対して6人で話すのはおかしい！　なんなの、いったい！」

って、めちゃくちゃキレたんです。

「かおちゃんもかおちゃんよ！　泣いていても、何も解決しないのよ！」

そんな話をしているとき、学年主任から母に電話がありました。

「息子さんの件で、お話したいことがあります」

母は息まいて言いました。

「望むところです！」

電話を終えた母は、今度はあたしにこう言いました。

「かおちゃん、闘わなきゃダメよ！」


闘わなきゃ、ダメ。

そ、そうなのか……!?

いや、そうよ！　闘わなきゃダメよ！


その後、母は殴り込みするくらいの勢いで先生たちと話し合いを重ねましたが、いつまで経っても平行線のままです。

すると先生たちは、最終兵器を持ち出してきました。

「校長先生と会ってください。校長が直接、お話ししたいと言っています」

それに対して、母は冷静にこう言いました。

「ケンカはアタマとやらないとね」


そして、〝アタマ〟である校長と、対決の日がきました。

当時、あたしは埼玉医科大に通院していました。これは日本で性別適合手術を受けるための必要なステップで、母は先のことを考えてくれていたのです。

校長先生にそのことを話し、「先生、病名も診断名もある以上、これは人権問題ですよね!?」と母が詰め寄ると、校長先生は「まったくです」と、理解を示してくれたのです。

「薫が悪いところは改めさせます。でも、先生がたにも配慮をお願いしたいのです」

母は公務員という仕事柄、学校の先生と話す機会も多いので、ほかのお母さんよりも先生を〝特別扱い〟することもなく、理路整然と訴えました。

母の巧《たく》みな交渉術の結果、性同一性障害について、全職員がもっと理解を深めるよう努力するという決着に至ったのですが、話はそれで終わりません。

次なる相手は、教育委員会です。

男子生徒が女子の制服で登校するにあたり、教育委員会の許可が必要だということになったのです。

あたしは目まぐるしく変わる状況に、全然気持ちが追いつかない状態でした。

ＲＰＧのゲームをしていて、レベル１のヨチヨチ状態のとき、すごく強い戦士が出てきちゃった！　みたいな感覚です。

だって一気に教育委員会という〝ラスボス〟まで登場してしまうんだもの！

こんなにおおごとにするつもりはなかったのに……。

大丈夫かしら、あたし……。

これが、当時の偽《いつわ》らざるあたしの本音です。

未知なる世界を前にすると、誰でも恐怖を覚えるように、あたしも戦闘前の武者震いをしていたのです。

## ⚜聞いてくれる人さえいれば、人は心を開いていく

それからしばらく経って、とうとうその日、ラスボスとの対決の日がやってきました。

その日まで、あたしは何を言おう、どう話せばいいんだろうって悩み続けていました。だって、あたしは自分の「性」について、自分が本当はどう思っているか、どうしたいかって、他人に話したことはなかったのですから。

あれこれ考えていると「何が本心か」なんて、もうわからなくなってきます。

そんなあたしの様子を見て、母は言いました。

「かおちゃん、お母さんが代弁してあげてもいいけど、そうすると、モンスターペアレントみたいな感じになって、よくある過保護な親の子っていうレッテルを貼られちゃうよ」

そうだよね、そうだよね、それは違うよね……。

「お母さんが代弁して全部しゃべってもいいけど、そうなると、あなたの問題ではな

くなっちゃうよ」

……あたしの問題!?

「闘うときは、闘わなくちゃダメ。自分の言葉で話しなさい」

母のそのひと言で、あたしの腹は据わりました。

自分の言葉で闘わなくては、自分の問題を解決したことにはならないんだ！


そして、いざ教育委員会へ突撃です。

教育委員会の中にある部屋に通され待機していると、担当者が何人か入ってきました。

教育委員会の人たちは、ことの経緯は把握していたので、あたしは、「自分の思い」を、精一杯に話しました。

小さい頃からピンクの小物やキラキラしたものが好きだったこと。女の子とばかり遊んでいたこと。自分は女の子だと思ってずっと生きてきたこと。

でも現実はそれを認めてくれないこと。自分でどうしたらいいかわからないこと。

そして……。

「生まれてから、一度も、自分のことを男だと思ったことは、ありません」

そう言ったとき、緊張は最高潮に達していました。

でも、そこに聞いてくれる人がいたから、そこに聞いてくれる耳があったから、あたしは一生懸命に話すことができたのです。

言葉はたどたどしかったかもしれないけれど、言い方もおかしかったかもしれないけれど、いろんなことが間違っていたかもしれないけれど、でも一生懸命だってことはたしかです。

拙くても、自分の言葉で話してみる。

人任せにせず、言い訳もせず、自分の思いをきちんと伝えてみる。

そうすれば、相手の気持ちが動く、ということがあるのかもしれません。

だから、ドキドキはしたけれど、スムーズに、そしてきっぱりと言えました。
「あたしは、スカートをはいて学校に行きたいんです」
闘うときは、闘うんだ。自分の言葉で！

人は、そういう一生懸命な思いに、心を動かされていくのかもしれません。他人だけではなく、自分自身も——。

自分革命

**逃げずにまっすぐに伝える思いは、必ず相手に届く。**

# 世界は、自分にだけ尖《とが》っている⁉

教育委員会に〝直訴《じきそ》〟したことで、あたしは、晴れて中学3年生の新学期から堂々とスカートをはいて学校に行けるようになりました。

その新学期はもうすぐです。

あたしはそのときをとても楽しみに待っていた……かというと、実はそうではありません。

誰にも文句を言われず、あたしの願いがもうすぐ実現するというのに、です。

そのときのあたしの心境は、「なんか、もう、いろいろ無理……」という感じで疲れきっていたというのが正直なところです。

「2年生の中に、教育委員会に直訴したヤツがいる」

教育委員会に行ってから、こんなウワサはまたたく間に中学校全体に広がりました。あたしという存在は、いつの間にか校内の有名人になっていたのです。

学校に行くと、学年も違う見ず知らずの生徒が、あたしを見て「あ、オカマだ！」とはやしたてました。

もちろん、あたしは泣き寝入りなんてしません。

「はぁ？　あたしに言いたいことがあるなら、名乗ってから言え！　っていう話じゃない？」

そう言い返すと、たいていの生徒は黙ります。ホント根性なし！

でもあたしに根性があるかと言うと、たいしてあるわけではなく……。

強気な態度の裏では、「気持ち悪いヤツって思われてないかしら？」といちいち気にして、ちょっとずつ自分を追い込んで傷ついていったのです。

また先生の態度はと言うと、これもまた反動がありました。腫物《はれもの》に触るような態度は相変わらずだけれど、それは「問題児扱い」から「かわいそうな子扱い」という感じです。まるでかわいそうな弱者を見るような視線を突き刺してきました。

もしかしたら、「今までわかってあげられなくてごめんね」という軟化した態度が、あたしにはそう見えたのかもしれません。あたしが好意的には受け取れなかっただけなのかもしれません……。心が疲れているときは、ひねくれて考えてしまうものなのかしら。

いずれにしても、願いが叶うと同時に、支払う代償のダメージはかなり大きかったのです。

## 本当に、あたしはこれを望んでいたの？

こんな日が続くと、どうしても学校から足が遠のきます。「行こうかな」と思っても、なかなか自宅から出られず、気づいたら給食の時間になっていて、「ごはん食べるために学校に来たな」って思われたらいやだわ！　なんて理由をつけては行きませんでした。

いえ、本当に行けなかったのです。日に日に胃痛が激しくなっていったのですから……。

いつもの夕飯。お兄ちゃんは部活で遅くなるから、先に食べちゃおう！　と母といっしょにごはんを食べていると……。

「イタタタタ！　痛い、痛い、痛い、痛い！」

あるときはズキズキ、あるときは漬物石がドーンと乗っかったみたいに重い胃痛が襲ってきます。

母に「またなの〜？」と言われながら胃薬を飲ませてもらって、ソファーにゴロン。横になっても、しばらく痛みは治まりません。

そんなことがしょっちゅうありました。

自分の思いどおりにことが運んでいるはずなのに、なんか違う。もっとハッピーになっているはずなのに、全然思い描いていた状況じゃない。着るのが楽しみだったスカートも、なんだか色褪《あ》せて見えてきます……。

本当に、あたしはこんなことを望んでいたのかしら？

そんな気持ちが、あたしの心のキャンバスを真っ黒く塗りつぶしていきます。

心と体は、密接につながっているといいますが、それは本当です。あたしはそれをまざまざと体験しました。自分の体の絶不調という形で。


あたしは、「スカートをはく」という選択が正しいことだったのか、もうよくわかりませんでした。

こういう状況になってみてことの重大さにはじめて気がついたのです。それは、まだ十数年しか生きていないあたしにとって、大きな重圧だったのでした。

自分革命

**体の声を聞いてみて。心の不調は、体の不調になってあらわれるから。**

# 平坦な道を選ぶか、冒険する道を選ぶか

今はもう中学校を卒業して十年以上も経つけれど、あたしは今でもこの頃の記憶がブワ～ッと噴き出すときがあります。

それは、たいていちょっと派手な洋服を着て出かけようとするとき。

ちょっと派手だけど、お気に入りのワンピースを着てお出かけしようとするとき、家を出てふとした瞬間、唐突にあの頃の不安がよみがえってくるのです。

「あたし、こんな格好してもいいのかしら？」

そう思うと、もう動悸がしてきて、急いで家に駆け戻って鏡の中の自分を見てみます。じっと見たあとで、「大丈夫、大丈夫、大丈夫……」。そう言い聞かせると、少しずつ気持ちが落ち着いてくるのです。


これは、中学時代の複雑な体験に原因があると、あたしは思っています。

あの頃、あたしは毎日毎日、揺れ動いていました。

「あたしは、もう堂々とスカートをはいて学校に行けるのよ！」

「あたしは、あたしの道を勝ち取ったんだ！」

そう思った次の瞬間には、

「言わなきゃよかった……」

「なんでこんなことになっちゃったんだろう……」

誇らしい気持ちと、後悔の念が繰り返し繰り返しやってくる感じだったのです。

「言わなきゃよかった」という思いの背景には、「あいつはオカマだ」って好奇の目にさらされたり、「なんだコイツ」って後ろ指さされたりするのが、すごくつらかったという気持ちがあったからです。

たとえ直接、言われなくても、「そう思われているんじゃないか」って思うだけで不安な気持ちが、あたしをがんじがらめにしていきました。

もし、あたしが「スカートをはきたい」なんて言い出さなかったら?

もし、あたしが先生たちからの詰問に、ただただ謝ってやり過ごしていたら?

もし、あたしが波風立てずに、「男子」のままで生活していたら?

……そうすれば、こんな目に遭わずにすんだかもしれないのに……。

そういう思いが複雑に交錯して、あたしを悩ませていたのです。

## 白か黒か、二択じゃない。グレーはいっぱいある

「せっかく思いどおりになったんだから、グチを言わないの!」

そんな声が聞こえてきそうです。

けれども、当時のあたしはたかだか14歳の中学生。この年頃の悩みと言えば、クセ

毛がイヤだとか、モデルみたいに痩せたいとか、もっとおしゃれしたいとか、好きな芸能人が結婚したとか、その程度がせいぜいでしょう。

おまけに、「さっきはフライドチキンが食べたかったけど、今はカレーかなぁ」なんて、分刻みで気分がコロコロ変わる時期。

そんな時期に、あたしは「人間とは、何か」なんて死ぬまでわからないような問いへの結論を出すような深刻さで「男か女か」を決めなければいけなかったのです。

しかも、決めたら、「やっぱ、やめた〜」は許されない！

スカートをはけるのは嬉しいことだったけれど、同時にそれは「人生を決めた」という一大事でもあったのです。

外国籍をもつ親が離婚した場合、子どもが国籍を選べるのは20歳になってからです。それは、判断力が養われる妥当な年齢だからじゃない？

そう考えても、あたしが14歳程度で、男か女かを選ぶのは、精神的にも肉体的にも、すさまじい痛みをともなう選択だったのです。

「もうあと戻りできない」という感覚は、あたしをパニックに陥れました。

たまに学校に行って、ボーっと外を見ていると、男子が汗をかきながら部活動をしている様子が目に入ります。

女子は、きゃあきゃあ言いながら、先輩に恋してる話をして盛り上がっています。

あの人たちは、自分が「どうして男なんだろう?」「どうして女なんだろう?」なんて考えたこと、あるはずないよね?

そりゃ、そうだよね。考える必要がないんだもの。


いいなぁ、普通って。


どうしてあたしだけ、ひとりで胃をキリキリさせながら、しかめっ面で人生の岐路みたいな崖っぷちに立たされているのかしら……。

そんなふうに、周りの人たちを眺めては落ち込んでいたのです。

## ⚜自分にウソついていても、平穏に生きたかった……

この頃は、あたしの人生でもっとも暗黒な時代です。

ときどき心に悪魔のささやきが聞こえてきます。「やっぱりウソをつき続けたらよかったね。そしたらラクな人生だったのに」って。

だってそれまでは、みんなあたしのことを「もしかしてオカマ？」って疑っていたかもしれないけど、それでも「男子」として扱われていたわけで、それを受け入れているかぎりは、世間的には波風が立ちません。

つまり、あたしが、あたし自身にウソをついていれば、それですむ話だったのです。そのほうが、悪口を言われることも、指をさされることも、嫌みを言われることもなかった。そのほうがラクに生きていけたと思うのです。

「自分に正直に生きる」ことは、美徳とされているけれど、本当にそうなのかしら？「正直」って、ときに摩擦を生むでしょう？　少なくともあたしは、正直に「女だ」って公《おおやけ》にして、ラクにはなりませんでした。

しんどさが増しただけです。

だから、思いました。

「そこまで自分の生き方にこだわる必要があったのかしら？」って。

自分を偽ってでも、平穏に生きたかった。

これが本音です。

どこかで、いつも周囲の目を気にしていたし、平坦な道を歩むほうがいいと思っていました。

平坦な道は、冒険をしない道。

でもそれが、毎日のささやかな幸せに結びつく道ならば、あたしはそっちを選びたかった。

冒険する道は、傷つくことから避けられない道ですから……。


人生は、選択の連続です。

でも、人生って、「白か黒」の二択では決められないことのほうが多いと思うの。グレーゾーンなんていっぱいあるはず。

それを無理やり白か黒の二択にするから、あたしは生きづらくなっていたのかもしれません。

あたしは14歳で人生を決定し、そしてその歩みにくい道をどうにか歩きはじめました。それが広く豊かな道につながっていると信じて……。

**自分革命**

**選択肢にはグレーゾーンがあることを忘れないで。それは逃げ道じゃない。**

# たったひと言で、「山が動く」ときもある

とうとう、中学3年生の新学期がやってきました。

そう、あたしが女子としてスカートをはいて学校に行く日がやってきたのです！

これまでは学校に行ったり行かなかったりが続いたけれど、記念すべき新学期初日に行かないわけにはいきません。

制服のスカートをはいてみると、やっぱり嬉しい。世間の目、好奇の目にも打ち勝って、ついに手に入れた実感がありました。

でも一方で、「こんなスカートのために、心身をすり減らしてきたのか……」という思いも。

だって、だって、だって……。

すごく、ダサいんだもん！

ただのグレーのプリーツスカートです。このスカートのためにあたしは闘ったのかと思うと、ちょっとヘコむ……。

いやいや、違う違う！

大事なのは「スカートをはいたあたし」。これこそが、称賛すべきこと！　そう言い聞かせ、学校に出かけていきました。

## ⚜「女の子」は、守られて大切にされる存在！

スカートでの登校初日は、それはそれは緊張しました。

学校に行く道すがら、誰かに笑われているんじゃないか、何て思われるかしらって気が気じゃありません。

でも、もう中学3年生です。「最上級生だし、何を言われても動じない！」と自分を奮い立たせ、いざ出陣です。

教室に着くと、あたしの不安は一気に吹き飛びました。

「マジちゃん！　似合うじゃん！」

「マジキナ〜、いい感じじゃね？」

入れ替わり立ち替わり、友だちがそう言ってくれるのです。この喜びはもう「女子ってサイコー！」という気分！

でもまだ、いつ中傷されるかわからないという警戒心はありました。だから校長先生に呼ばれたときは、「来たな！」という臨戦態勢です。

でも話を聞いてみると、「全校集会で性同一性障害について触れるから、もし居ずらかったら校長室にいてもいいからね」なんて優しい言葉をかけてくれるじゃないですか！

あれあれ、みんな、あたしを守ってくれている!?

## ⚜ 山積した問題の中にもある小さな幸せ

もちろん、すべてが一件落着というわけにはいきません。いろんな場面で問題はありました。

一つは、トイレ問題。スカートをはいたからといって、体が男子のあたしは、すんなり女子トイレは使えませんでした。

そこで3階のはずれにある、ふだんは誰も使わないような男子トイレを「真境名専用」として使うことになりました。それはちょっと不気味なトイレでもあり、結局、あたしは一度も使うことはなかったけれど、それでも学校の「体制」は整いつつありました。

LGBTの人が抱える不都合はたくさんあるけれど、トイレはその最たるものです。あたしはお腹がゆるいほうだから、本当はトイレに行く頻度は高いけれど、休み時間に女子トイレに行くと、何を言われるかわかりません。だから、できるかぎり我慢します。

どうしても行きたくなったら、授業の途中でこっそり抜けて、一番はずれの人目につかない女子トイレで急いで用を足していました。

毎日のことだけれど、誰も気づいてくれないし、気づかれても困る、そんな深刻な問題です。


そしてもう一つは、中学生のクライマックスにして大イベント、修学旅行での問題です。京都と奈良に行きました。

あたしとしては、夜の恒例行事、枕投げとか恋バナとかを、女子といっしょに楽しみたかったのです。でもトイレすら女子トイレを使えないんだから、いっしょに寝るなんて到底、無理。

かと言って男子と同じ部屋というのも違う……。ということで結局、母と2人でホテルに泊まったというオチです。

学校側もいろいろと最善を尽くしてくれているのですが、やっぱりちょっとずつ、課題は残されていました。

「名簿」も相変わらず男子のままでした。管理上の問題なのか、これはなかなか簡単ではなさそうです。

だから、全校集会も卒業式も、とにかく全校生徒が一堂に会するときは、ズボンの男子に混ざって、スカートをはいたあたしが並んでいる、という異様な光景になります。

でも悪いことばかりじゃありません。

卒業式のとき、なんと隣にいるのがずっと「カッコいいな♡」と思っていたM君じゃないですか！　ドキドキときめきながら彼の隣に座って、しかもその後にツーショットの写真も撮ることにも成功！　最高な最後でした。

## 戦略と行動で、自分の道を切り拓く

ここまで読んでもらえたらわかるとおり、中学生で「女子という権利」を勝ち取った！　と言っても、あたしの心の中は、けっこう複雑な思いがたくさんありました。あたしだけじゃない、家族はもちろん、学校側も友だちもみんな、右往左往していたと思います。

でも断言できるのは、良くも悪くも、言ってみなければ、動いてみなければ、やってみなければ、何一つ状況は変わらない、ということ。

誰しも学校や会社、世の中に我慢していることはあると思います。

どうしても理不尽に思えることや、納得いかないことがあるときは、そこに挑んでいかなければいけないときが、きっとあるように思うのです。

あなたの「その一言」が、山をも動かすときがあるから。

あなたの「その一歩」が、現実を変えるときがあるから。

人生は戦略と行動だよ!!

これは母の口グセです。自分で自分の道を切り拓いていけ、ということです。自分で革命をおこさないかぎり、心に本当の平和は訪れないのです。闘うことは、中学生のあたしにとってはちょっぴりつらいこともあったけれど、今はわかります。

自分でなんとかしようとしなければ、決してドアは開かないということを。

当時、あたしは堂々と胸を張って、ドアを少し開けたと言えます。

だってあたしは革命をおこしたのだから。

きっと山が少し、動いたに違いない。

**自分革命**

**幸せは自分の手でつかみ取る！　自分の道は自力で切り拓いてこそ面白い！**

# 第3章
# 仲間ってすごい！
# 人のパワーで世界は広がっていく

# いろんな人がいたって
# いいんじゃない？

あたしは高校進学はしたくなかったのですが、「中卒のオカマなんて、仕事ないよ。高校には行っておいたほうがいい」と母に勧められ、渋々承諾。単位を修得すれば卒業が認められる東京の定時制高校に進学し、4年かけて卒業しました。

あたしは「どうせ、中学の3年間をまた繰り返すようなものでしょ」と半ば決めつけていたので、そんな時間を過ごすより、お金を稼いでさっさと性転換手術をしたいと思っていたのです。

でも「どうせ、つまんないでしょ」って思っていたあたしの気持ちとは裏腹に、なんか、違う。今までとは違うことばかりでした。

第３章
仲間ってすごい！
人のパワーで世界は広がっていく

入学前、すでにその違いを感じました。

あたしは母といっしょに「女子」として通学することを認めてもらうため、学校に相談に行くことにしました。

母もあたしも、教育委員会に行ったときのように、また先生たちを説得しなければならないと思っていたし、その覚悟もありました。

案内された教室に入ると、体育会系の男の先生と、ほんわかした優しい雰囲気の女の先生が席につき、「ご相談はなんでしょう」と切り出します。

あたしは穏やかな雰囲気に戸惑いながらも「女子として登校したいんです」と言いました。

「そうよね、真境名さん、女子だもんね」

と女の先生はあっさり答えます。

……ん⁉

あたしは母と顔を見合わせました。

なんか、軽やか!?

「いやいやそんな簡単なことじゃなくて、これまで大変だったんですよ」と、これまでの経緯を話してみても、2人とも、「へぇ〜」とか「それはそれは……」とこともなげに言います。

あたしが想像していたような、説得や説明はまるで必要ありませんでした。それどころか「で、それ以外に何か?」という感じです。

結局、その後、「うちの学校の名簿は男女混合です。女子には○印をつけることになっているので、真境名さんの名前には○をつけときますね」「着替えは、女子トイレでいいわよね。個室を使ってもいいわよ」「学生生活では〝通称〟を使ってもいいんですよ。違う名前でもいいんだけど、使う?　でも、『薫』なら男も女も使う名前だから、特に問題ないわね」……。

あれあれあれ。

全部が全部、中学時代では大問題になったことなのに、するするすると、すべてが流れるように進んでいきます。

男の先生は、「性同一性障害って『障害』ではないですよね。周りの理解があれば、生きやすい。僕は障害だとは思わないんですけどねぇ」とも言いました。

面談の帰り、母とあたしは狐につままれた気持ちでした。

「なんか違うね～……」

「いい感じだったねえ～……」

そして、あたしはすでにこれからはじまる高校時代に期待しはじめていました。

## 場所が変われば常識も変わる

学校に入ってからは、たとえば男子と女子が分かれて授業を受ける保健体育の時間など、あたしはつい〝習慣〟で、「どっちに行ったらいいのかしら……」なんて迷っていると、すかさず先生が「何してんの！　真境名はこっち！」と、当たり前のように女子のほうに誘導してくれます。

今まで闘ってきたことが、全部ウソのようです。

こんなふうに受け入れてくれる土壌があるのは、定時制高校ということが大きな理由に挙げられるのかもしれません。

入学してみてわかったけれど、定時制高校はいろんな生徒がいます。いじめに遭ってドロップアウトした人もいれば、障害をもっている人もいる。とにかくひどい成績の人もいるし、おじいさんやおばあさんだって通っているのですから。

それでも、あたしのような性同一性障害の人ははじめてだったみたいだけれど、先生たちにとっては、多様性の中のひとつ、個性のひとつぐらいの感覚だったようです。

生徒にしてみても、これだけ多種多様な仲間が揃っているのですから、「そういう人が、いてもいいんじゃない?」ととても寛容です。

いちいち自分と違うこと、周りと違うことに対して、関心が集中しないのです。

あたしは、自分が今まですごく狭い世界で生きてきたことに気がつきました。

今までがひどかったし、大変だった。だから、これからも同じ――。

そういう決めつけは、違うっていうこと。

今いるところが窮屈な人もいるかもしれませんが、でも大丈夫。ひとたび違う環境になったら、全然違う世界が待っているのだから。

**自分革命**

**今いる場所は、ちっぽけな場所。場所を変えれば、世界も変わる。**

# 普通にしてていい。ありのままの自分でいい

学生時代にかぎらず、「誰と出会うか」というのは、その人の人生を左右するほどの大きな出来事になり得ます。

高校で出会った友だちは、あたしにとても大きな転機を与えてくれました。

実は高校の入学式から1週間ぐらいまでのあたしは、まだ「隙《すき》あらば辞めよう！」と思っていました。

これまでの不登校グセが抜けなかったというのもあるけれど、校内はとにかく〝ヤンキー率〟が高い！　あたしは、ヤンキーという生き物がかなり苦手なのです。

でも、さすがヤンキーでした。2日、3日と経過するうちに、どんどん〝ヤンキー

率〟は低くなり、１週間もしたら、みんなきれいに辞めてしまいました。

あたしは、「辞める、辞める」と騒いで辞めないけれど、彼らは、辞めると言う間もなく辞めてしまったのだから、マジ、ガチなヤンキーです。

ひとまず学校に行かない理由もなくなり、少しずつ学校に慣れていった頃、あたしはシオリちゃんに出会いました。

## 普通にしてないと、普通がわからなくなる⁉

「あんた、男なの？」

３歳年上のシオリちゃんが、あたしにかけた第一声は、これです。

当時のあたしは、セミロングの髪型で、スカートをはいてお化粧もしていたから、見た目は完全に女子でした。

実際、男子の中にはあたしを女子だと思い込んでいた人も多く、あるとき「あたし、男だよ」と言ったら、大衝撃を受けていました。これはかなり騙《だま》せていたっていうことね（笑）。

それなのに、なぜシオリちゃんは、あたしを男だと思ったのか。

高校には中学からあたしといっしょだった同級生がいて、そこからあたしの〝男情報〟が洩《も》れたのです。

シオリちゃんに「あんた、男なの？」って言われた瞬間、目の前がサーっと暗くなりました。

あたしは、「は？」って答えるのが精一杯。どんどんイヤな記憶がよみがえってきます。そして「やっぱり高校でもイヤな目に遭うこと確定だわ……」と暗澹《あんたん》たる気持ちになりました。

でもシオリちゃんは、思わぬことを言いました。

「地声でしゃべってみなよ、地声で」

たしかにあたしは中学3年生ぐらいから、頑張って少し高い声で話していました。というのも、完全に声変わりしたあたしの声は太くて低く、その声とスカートをはいたあたしは、いかにも違和感があったからです。

第３章
仲間ってすごい！
人のパワーで世界は広がっていく

電車の中で友だちとしゃべっていると「なに、あの子？」って、いっせいに周辺の視聴率を根こそぎかっさらってしまうほど目立つ声だったのです。

だから、なるべく女の子の声に近づけようと、あたしなりに工夫していたのです。

シオリちゃんにあっさり見破られたあたしは、「ぶしつけな女だわ！」ってプリプリ不愉快になりました。

それでもシオリちゃんは、続けて言います。

「普通に声、出してみなよ」

シオリちゃんに対する〝自己防衛センサー〟が脳内に鳴り響きます！　でもあたしは、地声で答えてみました。

「……普通だけど？」

シオリちゃんは、あたしをチラっと見て一言。

「そっちでいいじゃん」

……な〜んだ、いいのか！　このままで。

闘い続けた中学生活と比べると、高校生活はラクチンそのものです。だからあたしはそんな〝工夫〟をすることも面倒くさくなって、そのとき以来、無理して高い声で話すのはやめました。

もちろん、シオリちゃんとは急接近です。

## 殻《から》を破ってくれた友だち

シオリちゃんは、グラマラスで外国人にもモテるような女の子でした。あたしに大好きなレゲエの音楽を教えてくれたり、勉強も好きでテストの成績もいい。そして授業中は積極的に先生に質問するような活発な子でした。

それが、1学期は楽しそうに学校に来ていたのに、2学期にはぱったりと来なくなってしまいました。

電話しても出ない。メールの返信もない。

第３章
仲間ってすごい！
人のパワーで世界は広がっていく

あたしはどうすることもできず、結局、消息がわかったのは、あたしが2年生になってから。

彼女は高校を退学して、なんとスポーツバーの店長になっていたのです。

彼女に会って学校を辞めた理由を聞くと、「好きな男にのめり込んじゃってさ～！学校なんてどうでもよくなっちゃったの」なんて笑いながら言うのです。

あたしはそれまで心配していたせいもあって、思わず、「なんなのよ！　今って時間はもう取り戻せないのよ！」なんて、青春ど真ん中みたいなセリフを言って、真剣に怒ってしまいました。

そんなことを言いながら、ふと思い出したのです。

これって「高校なんて、すぐ辞めてやる！」って言っていたあたしのセリフじゃないみたい！

それほど学校が楽しくなっていたし、友だちが大切で大好きになっていたっていうこと。

シオリちゃんは、あたしに「無理しないで、そのまんまでいればいいじゃん」って、真っ先に教えてくれた友だちです。

女の子でいる以上は、華奢で、声も高くてか弱くしていなくちゃ！

あたしは、そういう「女子像」に自分を閉じ込めようとしていたけれど、なんのことはない、そのままでいいんだって、シオリちゃんが気づかせてくれました。

骨太でもいい。

声が低くてもいい。

あたしはあたしで、あたしは女。

小さいときから、「ここがイヤ」「あそこが違う！」って否定してきた自分の体は、そのままで個性という名の長所になる。それを教えてくれたのでした。

自分革命

## 自分のイヤなところは、本当は個性という名の長所。

# 普通の幸せ。陽だまりの日常。それはかけがえのないもの

もうひとり、ヒトミちゃんという友だちにも出会いました。彼女は石野真子を大柄にしたような見た目で、美人だけれどかぎりなく普通で「幸せな日常」を感じさせる人でした。

鹿児島からひとりで上京してきて、知り合いのクリーニング屋さんに住み込みで働きながら通学していた努力家です。鹿児島弁がときどきこぼれちゃうところも、かわいくて大好きです。

はじめて会話を交わしたのは、入学式の数日後の健康診断のときでした。

ヒトミちゃんは、開口一番に、こう言ったのです。

「入学式のとき、ドアを開けてくれてたよね？」

そうなんです。視聴覚室に移動するとき、あたしが最初にドアを開けたので、「どうぞ～」って、あとから来る人を通していると、どんどん人が続いて、あたしがなかなか中に入れなかったことがありました。

あんな小さなことを覚えてくれていたんだ……。

ヒトミちゃんは、人が持っているあったかいところや繊細なところを、ちゃんと見ていてくれる人でした。

あたしは思わず照れて「やだ～。あんなの見られてたのね～」と言ったら、「すごく細くてきれいな子がいるなって思ってたんだよ～」ですって！

あたしは褒められると照れてしまって、どうも面白い切り返しができなくなるのです。このときも、つい普通に答えていました。

「やだ、照れるわ～！　でもあたし、オカマなの」

「え～!!」

ヒトミちゃんは、ものすごく驚いていました！「東京ってこんな変わった人もいるのね」と思ったのかどうか真意はわかりませんが、ひとしきり驚いたあと、彼女はこう言ったんです。

「女の子だよ、薫ちゃんは」

仲良くなってからも、あたしがことあるごとに「あたしは、オカマだから」って言うと、そのたびに「女の子だよ、薫ちゃんは」と言います。

「えー、でもあたし、オカマよ？」と言うと「あんまりオカマだとか言わなくていいんじゃない？」ってニッコリ笑います。

バレーボール部でいっしょに活動していたときもそうでした。

「あたし、ちゃんと女子に見られているかな？」と気にすると「何言ってるの！　薫ちゃんは最初から女の子！」って励ましてくれるのです。

何度も何度も、くり返して……。

求めている答えを、必ず返してくれる信頼感と安心感は、あたしの心を本当に温かくしてくれたのです。

## 普通の日々は、かけがえのない日々

ヒトミちゃんとは、放課後もよくいっしょに遊びました。

2時間も時間が空くと連絡を取り合って、アーケードのある大きな商店街に出かけて行きます。

800メートルも続くアーケードにはお店がびっしり並び、その通りをヒトミちゃんといっしょに「あの人カッコイイね〜」とか「あのマスカラ、超強力なんだよ」なんて話をしながら歩くのが、とても楽しかった。

あたしがバイトしていたイトーヨーカドーの中に入っているコージーコーナーでパフェを食べたこともありました。

忘れもしない、そのパフェは1つ1000円もします。あたしのバイトの時給よりも高いパフェ！

「まだあたし、バイト代が出てないのよね……」と言うと、「いいよ。今日は私のおごりね」とヒトミちゃんは気前よくごちそうしてくれました。

ヒトミちゃんはあたしよりもたくさん稼いでいたけれど、それはバイトを2つもかけもちしていたから。

親に頼らずひとりで生活していたので、何かとお金はかかったはずです。だから、おごってもらうたびにあたしは言いました。「親元で生活しているラクなオカマなのに、ごめんね、ごちそうになっちゃって」。

でも、ヒトミちゃんはいつも「いいよ、いいよ」って笑って言います。

バイト代が入って、あたしがヒトミちゃんにごちそうすると、今度はニコニコしながら「ありがとう」って嬉しそうにしてくれました。

あたしにとってヒトミちゃんと過ごした時間は宝物でした。

強烈な印象を残すような出来事はないけれど、全部の思い出が柔らかな日差しに包まれてキラキラ輝いています。

かけがえのない〝普通の日々〟は、いつも隣でニコニコしてくれていたヒトミちゃんがいてくれたからこそです。

## 誰にだって青春はやってくる

あたしは、ずっと「青春ドラマ」のような学校生活に憧れていました。でも、中学の暗黒時代を経験して、そんなのはあたしに縁がないって思っていたのです。

でも、高校でのヒトミちゃんとの日々は、まさに青春そのもの。

はじめて親友と呼べる友だちができて、あたしは青春を知りました。世界の見え方が変わったのです。

ずっと砂漠の真ん中に、ひとりで立っていたような気がするけれど、これからは違う。何かあったら、いつでも相談できる友だちがいる。

ちょっとしたことで、笑い合える友だちがいる。

友だちって、いいな。

幸せって、日常の何でもない瞬間のこと。そんな日常をいっしょに過ごした友だちは、いつしか親友になっていくのかもしれません。

自分革命

**日常の中にいる人を大切にして。それはかけがえのない人のはずだから。**

# 「死ぬ死ぬ」って言う人ほど、図太く生き抜くものよ

ちょっと変わった友だちに、ルミちゃんという菅野美穂に似ているかわいい女の子がいました。彼女は中学からの同級生。

彼女はいわゆる〝メンヘラ〟（心の病をもった人）で、よくリストカットしてしまいます。

あまりにそれが多くて、手首が〝洗濯板〟みたいで痛々しい……。あたしはすごく心配していました。

「あの痕《あと》、なんとかうまく隠せないかしら？」

そう思っていたあたしは、ある日、アヴリル・ラヴィーンのミュージックビデオを

見ているとき、閃《ひらめ》いたのです！

画面の中のアヴリルは長いリストバンドをつけていました。これならリスカの痕も隠せるし、ファッションとしてもかわいいじゃない！

あたしは即決しました。そしてすぐさまスポーツ用品店を何十軒も探して、ルミちゃんにプレゼントしたのです。

なんであたしがそこまでしてあげるかというと、彼女は〝守ってちょうだいオーラ〟を噴射していて、つい、助けたくなってしまう存在だから。

そんなオーラが全開の子が、モテないはずがありません。

あるとき、あたしが「いいな〜」と思っていたバレーボール部の先輩のことをルミちゃんに言ったら、「あたしは全然タイプじゃないなあ。そんなに好きなら、コクっちゃえば？」なんて言われました。

ところが……。

実はルミちゃん、先輩と連絡を取り合っていて、ちゃっかりデートもしていたことがわかったのです。

いちいちあたしに断る必要はないけれど、でも、ひと言でいいから「先輩から連絡きちゃってね～」「今度会うことになったの」って教えてくれてもいいと思わない？あたしは陰でこそこそされた感じがして、ちょっと気分が悪くなったのです。

もしかすると、あたしの好きな人だってわかっているからこそ、遠慮して言いにくかったのかもしれません。でも当時はそうは思えなかったのです。若いって罪……。

そんなことがあって、あたしは彼女のことを信頼できなくなっていきました。

## 「死にたいって言ってホントに死んだら、あんたはそれまでの人間よ」

そして、ある出来事があって、ルミちゃんとは決定的な別れになりました。

それは、久しぶりに会っていろいろ話していたときのこと。

たくさん話したいことはあるのに、ルミちゃんはずっと携帯電話をいじって男の人とやり取りばかりしています。

「なんか、すごいたくさんメール来る〜」とか言いながら。

友だちと会っているのに、それはないじゃない？

「メールし続けるなら、帰る？」

あたしがそう聞いても、画面から目を上げずに「ん〜……」。

そしていつまでもメールしているのです。

しかも、メールをしながら、こんなことをつぶやきました。


「なんかもう、死にたいな〜」


それはまるで「おなかすいたな〜」って言う感じで。

でもあたしは知っていました。彼女の「死にたい」っていう意味は、「あたしって、大変なの。かわいそうな子なの」っていうアピールだということを。

かまって欲しくてすぐに「死にたい、死にたい」っていつも言っているということを。

実際、彼女がそういう素振りを見せると、みんなが寄ってきて助けてくれます。かまってあげます。

リスカの痕がくっきりある子が「死にたい」と言ったら、周囲は放っとけないものよね!?

その狙いがわかっているあたしは、思わずこう言ってしまいました。

「あっそ。なら、死ねば?」

ルミちゃんは、さっと血の気が引いた様子でこちらを向きました。

あたしはもう一度言いました。

「そんなに死にたいなら、死ねばいいじゃない」

するとルミちゃんは、「ひどい!」と顔を真っ赤にして言い返します。

「あんた、なに言ってるかわかってるの!? あたしがホントに死んだらどうするの?」

「死なないわよ、あんたは絶対に」

そして、あたしは言いました。

「もし死んだら、あんたはそれまでの人間よ。あたしは、そう思うことにする」

## ⚜同情で成り立つ関係なんていらない

この一件があって、あたしたちの連絡は途絶え、そのあとしばらくして彼女は学校を辞めてしまったので、すっかり疎遠になりました。

それから数年後、同窓会のときに会ったルミちゃんは、子育てしている立派なお母さんでした。シングルマザーです。

「やだ～マジちゃん、久しぶりだね～。また連絡とっていい？」

「死ぬ死ぬ」なんて言ってるヤツほど図太いものなのよ、なんてあたしは心の中で毒づきながら、たくましいルミちゃんを眺めていました。

今さら、わだかまりなんかありません。子育てをしているルミちゃんはとても立派ですから。

彼女だけじゃない、「死ぬ、死ぬ」って狼少年のように言っている人ほど、実は図太いんじゃないかしら。

そんなに同情されたいのかしら？

同情されて成り立っている関係の何が面白いのかしら？

どうせ図太く生きていくなら、「死ぬ、死ぬ」なんてウザいこと言ってないで、ずる賢く、堂々と生きていくほうがずっと気持ちいい!!

## 自分革命

**図太くても、ずる賢くても、堂々と生きる！ それがいちばんの勲章！**

# 苦手なことの中に、実はやりたかったことが潜んでいる

高校時代、あたしはものすごく大きな挑戦をします。
それは、バレーボール部に入ったこと。
あんなに運動嫌いだったあたしが、まさか部活動をすることになるとは！
入部の動機は不純でした。
シオリちゃんに誘われて、気乗りしないままバレー部の見学に行きました。すると
なんと、入学式でもいちばん目立っていたB-BOY風のカッコイイ男の子が、男子
バレー部にいるではありませんか！
彼はシオリちゃんの友だちでした。ということは、女子バレー部と男子バレー部で

仲良くなれるかもしれない!?　そうなれなくても、毎日、会えるんだ～♡　とあたしは有頂天になって即決したのです。

ボールに触ったこともなかったけれど、飛んできたらよければいいっか。それぐらいの軽い気持ちで入部を決めたのです。

## ⚜体は男でも入部できる!?　女子バレーボール部の不思議

でも、ちょっと待って。

あたしの体は一応、男。男が「女子バレー部」に入っていいものだろうか？かと言って、「男子バレー部」なんて、ぜったいに無理だし……。

その不安は顧問の先生のひと言で、みごとに解消しました。

「真境名？　真境名は、女子バレー部で大丈夫だよ」

顧問の先生の言葉で、疑問は解決できたけれど、不安は倍増しました。

だって先生、あまりにもあっさり過ぎる！

「ねえ、先生。あたし、体は男よ？　それで女子部って、前代未聞よ？」

スポーツはセックスチェックが厳しい世界。いくらあたしでも冷静に考えると「心は女よ」って言ったところでやすやす「女子部」に入れるとは思えません。

「明日、バレーボール連盟協会の人が来るから、そこで認められたらＯＫだよ」

そう先生が言うので、まずはその「審査」待ちとなりました。


翌日、協会の人が来たけれど、彼らもやっぱり同じです。

「君なら、女子バレー部で大丈夫だよ」

そんなにあっさり〝女認定〟して大丈夫ですか……!?

せめて、体力測定とかしたほうがいいんじゃない……!?

そんなにアバウトで、いいの……!?

たしかに、あたしの身長は１６５㎝ぐらいで、バレーボール部の選手にしては小さいほうです。今まで運動をしたことがないので、筋力もなくガリガリです。だから戦力外かもしれないけれど……。

## ミラクルは起きる！　まさかのシンデレラガールの誕生！

そんなあたしは、ほどなくして、女子バレー部の一員として、対外試合に出ることになったのです。

バレー部の活動は、月水金の週3回。授業が21時に終わって、22時までのわずか1時間が練習時間でした。

30分でサーブ、レシーブ、アタックの練習。残りの30分で練習試合です。

あたしの運動オンチはひどいもので、いくらやってもサーブがネットを超えません。

そんなあたしが試合に出られたのは、あたしがいないと5人になって、人数が足りず、そもそも試合に出られないという理由があったからです。

まさしくあたしは数合わせ要員ってこと。

でも、そんなあたしが、試合でミラクルを起こしたのです。

練習中はサーブは決まらず、レシーブもアタックもひどいありさまだったのに、試合本番となると、サービスエースがビシっと決まる！　サーブもレシーブも面白いように決まります。

その日のトーナメントは、はじめにいちばん強いチームに当たったので、一度は負けたものの、そのあとの「負け組決勝戦」で、なんと見事に優勝したのです！

「今日のシンデレラガールだね！」とみんなに喜ばれ、そしてあたしも爽快感と達成感で、もう体中から血潮がたぎる喜びでした！

## 運動音痴がついにキャプテンに！

3年生になると、部活の出席率がいちばん高かったという理由で、キャプテンを務めることになりました。

テレビの青春ドラマで見るような後輩もできました。

いちばん強烈な後輩は、「春高バレー」に出場するほどの強豪校のバレー部出身の女の子です。

彼女は足立区の「足立」を「そくりつ」と読むくらいに〝天然ちゃん〟だけれど、バレーとなると顔つきが変わります。

彼女のトスは、鋭角にバシっと決まって迫力満点！

「マジキナ先輩〜。そのフォーム、こうしたほうがいいっすよ」

たしかにそのとおり、ナイスアドバイス！

上手に決まったときは、みんなでハイタッチ！

あたしはずっと体育の時間、運動する時間が大嫌いでした。男に混じって、しかも体が触れ合って、匂いもひどくて……。

でも本心は「部活で汗かいて青春！」をしてみたかったのです。

バレー部に所属してみて、こんなにまぶしい世界があったことを知りました。

みんなでチームを組んで励ましたり相談したり、練習すればするほど上達できる喜びを知ったり、試合の勝ち負けに一喜一憂したり……。

これこそが青春！
中学のときは、こんな日が来るなんて夢にも思いませんでした。運動は苦手だと思っていたし、それどころか嫌いだって思っていたのですから。

でも、嫌いだけど、憧れてもいたのです。
苦手だと思うことも、挑戦してみなければわからない。それが実は、自分に合っていること、大好きなことだったってわかることもあるから。

**自分革命**

**苦手なこともやってみると面白い。「苦手」も「嫌い」も「好き」に変わる可能性はあるんだから。**

# いちいち「レッテル」を貼っていたら、世の中は面白くないわよ

高校4年生になると、オカマバーでバイトもはじめました。

高校を卒業したら、すぐに性転換手術をしたかったあたしは、早いうちからお金を稼ぎたかったのです。

それまでバイトしていたイトーヨーカドーでは、月に7万円ぐらいしかもらえなかったけれど、水商売では週に6日、1日7時間働いて20万円ぐらいはもらえました。19歳のあたしにとって、これは大金です。

学校の単位が足りなくて、結局4か月しか働けなかったけれど、オカマバーで働くことを、あたしはとても楽しみにしていました。

というのも、それまでの人生であたしの身近にオカマはひとりもいなかったから。

そこで働くことで、〝仲間〟に会えるという期待があったのです。


でも、いざ働きはじめたら、決して「ウェルカム！」という感じでありません。

みんな、あたしよりもお姉さんばかりで、彼女たちは中学を卒業してすぐに「一旗揚げよう！」と、まさに人生をかけて上京して入店している人がいっぱいいました。

中には親戚が集まるときには「絶対に帰ってこないでね」と親に言われたり、つらくて悔しい思いをしてきた人もたくさんいます。

だからこそ、「今に見てろ」という「ナニクソ根性」があったのかもしれません。

あたしはお店で働きはじめた当初は、笑顔もぎこちないし置物みたいにおとなしく座っていることしかできませんでした。

しかも「人生勉強も兼ねて働けたらいいなぁ」くらいにしか思っていなかったので、周りの人とギャップがありすぎたのです。

## ⚜結束力は強い!? 複雑なオカマ関係

最近では、大手企業も社員の同性婚を認めたり、ＬＧＢＴに対する認識は、ここ数年だけを見ても、社会的にずいぶんと変わってきました。

ある調査によると、13人に１人がＬＧＢＴともいわれ、潜在的に多いことがわかりました。また彼女や彼らも昔と比べるとかなり「市民権」が得られたかのように見えます。でも、それでも未だに身内から認めてもらえない悲しみを抱えている人はたくさんいます。

そんな中、あたしは公務員の母のもとで育ち、決して裕福ではないけれど、そんなに貧しいとも思わずに大人になりました。

母との確執もなく、それどころか、いつでも応援してくれるいちばんの味方です。

それを考えたら、明らかに恵まれた境遇かもしれません。

そんなあたしを見て、「あの子は、甘いわよ」と思ったのかもしれない。

でも……。

オカマとして大変な思いをしてきたことは、みんな同じはずじゃないかしら。

この気持ちは、あたしの中にいつまでもわだかまりになっていました。

ただ、この〝仲間〟は、いったん心を開けば、すごい結束力が生まれます。

あたしがお店を辞める最後の日のこと。チーママが行きつけのお好み焼き屋さんから出前をとってくれて「いっしょに食べましょう。頑張って高校卒業するのよ」とエールを送ってくれたのです。これは本当に嬉しかった！

結束力が強いのは、人一倍、優しさをもっているからなのかもしれません。

## ⚜人にレッテルを貼ることは、自分の幅をも狭めること

オカマ同士なら、わかり合える——。

それは簡単なことではないのは、よく考えたら当然のことです。

みんな育った環境もこれまでの境遇も、心に抱えているものも違うのだから。

オカマなのか、ニューハーフなのか、性同一性障害なのか、その呼び方にも神経質

になる人はたくさんいます。

でも、あたしは思うのです。そうやってレッテルを貼ってどうするの？　って。

あたしは母子家庭育ちで、父親がいないことについて、嘆き悲しんだことはないけれど、それを「恵まれてない」「かわいそう」と思う人はいっぱいいます。

父親がいない家庭は不幸。

お父さんを知らない子どもはかわいそう。

そうやって、勝手にレッテルを貼って決めつけてしまう人、いるでしょう？


ある角度から見れば、あたしは、恵まれている子、ということ。

ある角度から見れば、あたしは、不幸な子、ということ。

同じあたしなのに、捉え方ひとつで真逆になる。そして、一度そのレッテルを貼ってしまったら、その角度からしか、その人を見られなくなるような気がするのです。

あたしは、それが好きではありません。

だって、これまであたしは、望んでいないのに男の体で生まれてきて、オカマだ、キモいって言われてイヤな思いをしてきました。

そのあたしが、「あいつはああいうヤツなのよ」って決めつけたら、されたことと同じことをしている、ということになるでしょう？

人を決めつけてレッテルを貼ると、人間関係に一種の安心感が生まれてすごくラクだけれど、それ以上の関係には育ちにくくなるように思います。

レッテルを貼ったとたんに、その人の見方は限定的になって、狭くなってしまうのだから……。

それは、自分自身を狭い枠の中に入れるのと同じことじゃないかしら。それって、すごくもったいないことじゃない？

**自分革命**

**「あの人は、こんな人」ってレッテルを貼ると、本当の相手が見えなくなる。そして自分の心も狭くなる。**

# 傷つかないために、自分を守る

恋愛って最高！　それはそうだけど、あたしの場合、いつもどこかで「どうせ、ダメになっちゃうわ」と思いながら、臆病な恋愛ばかりしてきました。

ダメになる前提で恋愛していたのは、傷つくことを最小限に抑えたかったから。そうやって自分を守っていたのかもしれません。

あたしの初恋は、遡《さかのぼ》ること保育園の年長のとき。

女の子とばかり遊んでいたから、ときどき男の子にからかわれました。

「なんでそんなに女の子と仲良くしてんの～？」って。

そうやってからかってきた、まさにその男の子に、あたしはキュンキュンしていたのです。

「そうやってからかってくるあなたが好きなのよ」

あれを初恋と言えるかどうかは微妙かもしれませんが、サッカーしている彼を窓越しに眺めるのが精いっぱいの、かわいい恋でした。


そのあとに覚えている恋は、小学校3年生のとき。

相手は外で元気いっぱいに遊ぶような、めちゃくちゃアクティブな男の子で、あたしとはあまりにも対照的。彼はあたしを当然「男の子」だと思っていたけれど、テディベアのかわいいトレーナーを着ているあたしを見ても「それ、女モノだろ」なんてからかったりはしません。それどころか、「マジちゃんらしいね」と言ってくれる優しい子でした。

あるとき、「外に遊びに行こうよ！」って言う元気な彼に合わせて、自転車に乗って、あたしはふだんは絶対に行かないようなアスレチックのある公園に出かけました。

気分は完全にデートです！

けれども、あたしにとって、アスレチックは思いのほかハード……。彼は池の中の岩をピョンピョン跳ねながら器用に飛び越えていくのに、あたしは、ピョンピョン、ドッボ〜ン。

「濡れちゃった〜（泣）」

ってこんな感じです。でも彼は飛んできてくれて、「マジちゃん、大丈夫!?」って心配してくれるのが嬉しかった！

彼にとってあたしは「鈍くさい男の子」ぐらいの感覚だったのかもしれないけれど。

## 恋愛は続かない。続けられない。でもそれでいい……

大人になって、夜の仕事をはじめた頃から、何人かの男性とおつき合いしました。

その人たちはみんな「ノンケ」。

つまり女性としかつき合ったことがない人たちです。

あたしの中では、ノンケの人たちとつき合うとき、いつもくすぶった気持ちがありました。最初はラブラブで楽しいんだけれど、すぐに思うのです。

彼はあたしを両親に紹介するなんて、きっとできないなって。ましてや、結婚できるわけもないしなあ……って。

彼らは、ごく普通の会社に勤めるサラリーマンです。将来があるんだから、あたしとは早めに別れて、子どもの産める普通の女性と結婚すべきだわって思ってしまうのです。

そして別れを迎えます。そこに至るまでには、いろんな思いが錯綜するけれど、それを突き詰めたところで、現実は変わりません。

あたしは恋愛に対して、もう諦めていたのです。

「この体で、誰かに愛されたいなんて思ったらいけない」

そう思うことで、自分自身を納得させていました。

今、思うと、あたしはこうして早め、早めに恋愛に見切りをつけることで、自分を守っていたのかもしれません。

長くつき合ったその先に、心が引き裂かれるような別れがあるくらいなら、いろんな言い訳をしてでも、傷が浅いうちに早めに別れたほうが自分のため……。そう思っていました。

傷つかないように生きるのは、「自己防衛」であると同時に、「自分を大切にしている」とも言えると思うのです。

あの頃、恋愛でつき合ってはすぐに破局を迎えていたあたしは、「いたずらに傷つく必要はない」と、あたしなりに自分自身を最大限に守り、大切にしていたのかもしれません。

逃げるが勝ち、よ。自分の心が傷つかないことを最優先にしたほうがいい。あたしは、そう思っているわ。

**自分革命**

**いたずらに傷つく必要はない。自分を守ることは、自分を大切にすること。**

# 終章　ときめく未来は、この瞬間から続いている

# 夢の実現は、諦めない先に待っているプレゼント

女の子になろう――。

いつの頃からかぼんやりと、いつか性転換して女になるんだって思っていたけれど、それが一気にリアリティが出てきたのは、高校4年生のときです。

バイトしていたオカマバーには、実際に手術した人も多く、貴重な生の情報をたくさん聞くことができました。

オカマと一口に言っても、性転換手術で膣《ちつ》も作っておっぱいも作って、顔もいじってほぼ完全に女になる人もいれば、タマ（睾丸《こうがん》）だけを切除する人もいる。「心だけ女」で十分って、体は特になにもしない人だっています。

おっぱいをボンって入れて、下をチョンって切るから、〝ボンチョン手術〟。この言葉だけを聞くと簡単そうだけれど……。

「女になる気があるなら、とにかく、タマは早めに取ったほうがいいわよ」

「そうそう。男性ホルモンは、タマから出てきちゃうから早く止めないと」

「時間が経つほど男性ホルモンは出続けちゃうの。だから、20代も後半になってから手術しても、もう〝男〟が出来上がっちゃっているのよ。だからそのあとに顔をどんなにいじっても、どこか男くさい感じが残っちゃうわよ」

こんなリアルな話を聞いたら、一刻も早くタマだけは取らなければ！　って焦ってしまう。本当は、サオ（陰茎《いんけい》）も取りたいけれど、両方を一気に取るのはちょっと怖い。それにお金もない。だから、まずはタマから！　と思っていたのでした。

## ⚜女性ホルモンで、体が少しずつ変わっていく

オカマの仲間に聞いて評判のいい病院を選びました。

「高校を卒業したら、できるだけすぐに手術したい！」と思っていたので、手術の半年前、高校在籍時には病院に手術の予約はしておきました。

というのも、タマを取る手術をするには、その前に定期的に病院に通って女性ホルモンを投与しなければならないからです。

女性ホルモンを打ち続けると、だんだん男性ホルモンの分泌が抑えられるので、睾丸が小さくなっていきます。その状態で手術しないと、体もびっくりしちゃうのです。でも、強制的に女性ホルモンを打つのですから、体調が悪いときもけっこうありました。

まずとにかく、疲れやすくなります。それまでは自転車でラクラクと上れた坂道も、ぜえぜえ……。筋力も落ちて、バレーボールをするときのジャンプ力もなくなっていきました。

だから試合に出てもポンコツ状態。それでもちょっと無理して頑張ると、次の日には激しい筋肉痛と疲労感が襲ってきます。そうなると泥のように寝ないと、なかなか復活しません。

こんな体の変化に不安を感じながらも、あたしは「その日」を待っていたのです。

## ❦〝ボンチョン手術〟ついに成功！

あたしが貯めた手術費用は10万円。それは数万円足りない上に、往復の新幹線代もホテル代もありません。不足分は、全部母が助けてくれました。

「顔に文句を言われたら、遺伝なんだもの、そんなの知らないわよって思うけれど、体は違う。体は取り戻しなさい」

母はそう言ってくれました。

ずっと女の子として生きてきたんだから、手術するのは悪いことじゃない。当然のことよって応援してくれたのです。

あたしが余計な罪悪感を抱かないように、母はいろいろ気遣ってくれたのです。

そうして無事に手術を終えたけれど、「やったわ～!!」って飛び上がるほどの喜びというより、粛々と女への〝儀式〟が行われた、というのが実感です。

おっぱいの手術は、それから2年後に決行しました。

念願のおっぱいです!!

ついに、ふっくらおっぱいを手に入れるときがきました。

タマを取るときよりも、おっぱいを作るときのほうがワクワク感でいっぱいでした。

だって、やっぱりおっぱいは女の子の象徴ですから!

あたしの憧れるボディは、ジェニファー・ロペスみたいな胸もお尻もボン! って出ていて、くびれのあるダイナマイトボディです。だからおっぱいは、できるかぎり大きくしたかった。

でも、単純に大きいシリコンバッグを入れればいいというわけではありません。

両脇を数センチ切って、そこにシリコンバッグを挿入するので、体に合ったサイズと形を選ばなければ皮膚が突っ張って、不自然になってしまうそうです。

手術は2時間ほどでした。

終章
# ときめく未来は、この瞬間から続いている

終わったその日に帰宅できるので、あっという間です。

1週間後に抜糸するまでは、お風呂もお酒も運動も控えなければいけないけれど、制約はそれぐらいです。

こうして、あたしはついにDカップの体になりました！

この際、お尻も大きくして理想のボディにしたかったけれど、術後は座れない、仰向けになれないなど、いろいろ制約があり、そして大手術だと聞きます。

おっぱいに比べたら、なにがなんでも欲しいものでもなかったので、とりあえずはおっぱいに大満足！　ということにしました。

こうやって書いてしまうと数ページたらずのこの出来事。

でも、小さい頃からの違和感から解放された瞬間でもあり、夢が叶った瞬間でもあります。

本当に長い道のりでした。

誰にだって、やりたいことがあるでしょう？　でも、今はできないって、尻込みし

てしまうこともある。

それが「性転換」っていう人は、そんなにいないかもしれないけれど、お金がなくてできない、親が反対してできないとか、いろんな制限があってできないことってあると思うんです。留学したいとか、結婚したいとか、憧れの仕事に挑戦したいとか……。

でも、諦めないで。

チャンスは、必ず訪れます。

だから、焦らず、腐らず、機が熟すタイミングを待っていたらいいんじゃないのかしら。

**自分革命**

**願い続けていれば、必ずそのときはくる！　しかもベストなタイミングで！**

# すべての出来事に学びがある

あたしの身長は167cmで、足のサイズは27cm。
「ウソつけ。足は28cmでしょ!」
そうすかさず突っ込んでくる彼がいました。
彼は、オナベ。「もと・女」だから、体が小さい。
あたしは、オカマ。「もと・男」だから、体が大きい。
あたしたちが並んで歩くと、かなりな凸凹で人目を引きます。

ちっちゃいおっさん――。

これが、あたしが彼に会ったときの第一印象。失礼よね。

でも、年も10歳以上離れているし、彼はオナベの中でも小柄なほうだから、そのぐらいにしか思わなかったのです。

出会ったのは、２０１３年3月16日で「L」っていうお店。

なんで日付を正確に覚えているかというと、あたしがそのお店の最後の出勤日だったから。4月1日からは、オカマバーでは有名な「パルテノ」への入店が決まっていて、心機一転の出発に心躍らせているときだったのです。

あたしはこの頃はすでに、「ナツキ」という名前で働いていたのですが、彼はかなり酔っぱらって「ナツキちゃん、デートしよう！　デート！　デート！」って連発しました。

「なんなの、このちっちゃいおっさん。しつこいわね！」なんて思ったのが最初の出会いです。

彼はこの世界ではかなりの有名人です。そんな〝レジェンド〟にヘタなことできません。その上、モテてもいたし、遊ばれないようにしなきゃ、なんて警戒心もあって、デートの返事は適当に誤魔化していたのです。
でも「ナツキちゃん！　今日でお店辞めるんでしょう？　じゃあデートしよう！
明日だ、明日！」ってどんどん話が進んでいきます。
そんなわけで、会うだけは会って、おいしいもの食べに連れて行ってくればいい
やっていう感じで、初デートの約束をしたのです。

## 楽しい、面白い！　じゃあつき合っちゃう？

初デートは彼の宣言どおり、お店で会った翌日です。
ワクワク感と不安でいざＧＯ！　と思いきや最寄りの駅では電車が事故で止まって
いるじゃない！　いきなり遅刻です。
すぐに連絡して謝ると、「大丈夫だよ。タバコでも吸って待っているから」って。
その言葉は彼の優しさだってわかっていたから、電車が動くのを今か今かと待つ間
も、じれったくて仕方がない。

まだかな、まだ動かないかな……。

電車が動いて、待ち合わせの駅に着いたあとは、とにかく走って「ちっちゃい人、ちっちゃい人、ちっちゃい人……！」ってキョロキョロ探して「あ！　いた！」。すぐに見つけました。

結局、１時間も遅刻。失礼なあたし！

実は彼は待たされるのが大っキライな人。でも初デートだったから、きっとすごく頑張って待ってくれたのです。

その後、ディズニーの映画を観に行ったけれど、何も食べていなかったあたしは、映画の最中もとにかくお腹が鳴りっぱなし。色気なんてまるでありません！

最初は笑ってごまかしていたけれども、そのうちごまかしきれないほど豪快なお腹の音に……。

「……ごはん、食べに行こうっか？」

彼のひと言に救われるように、あたしたちは映画もそこそこに映画館を出たのでした。

このとき、あたしは彼に興味が湧きました。なんか面白そう、そして優しそうって。映画のあとは、韓国料理屋で食事をし、お酒も進んでくると、彼はグイグイ口説いてきます。なんだかその一生懸命な感じもかわいいなって思えてきたのです。

## 大切なことは、それにどんな意味があるかということ

彼は、あたしがはじめてつき合った「ノンケ以外」の人です。その意味で、あたしの人生で大きな意味が2つありました。

まず一つは、あたしはオカマ。彼はオナベです。性に違和感を抱えて生きてきた2人は、スタートラインがいっしょ、ということです。前にも書いたけれど、ノンケの人とつき合うときは、ちょっと後ろめたさがあったのです。

最初は楽しくても、子どもは産めないよ、親に会えるの？　親は認めてくれるの？って、すぐにいろんな罪悪感が芽生えてきたから。

でも、彼とは違う。素直にそういう気持ちも話せる相手であり、また理解してくれる相手でもあったのです。

後ろめたい気持ちがないって、こんなにラクなんだ！　ということに、あたしは気がつきました。

そして、今まではずいぶん無理していたんだなぁっていうことにも……。


そしてもうひとつは、もう少し複雑。

あたしは彼とつき合うまでは、どこかでノンケの人にこだわっていました。というのも、普通の女性として、普通の男性とおつき合いがしたい。そういう憧れがあったから。

でも……。

「あれ？　普通って、何？」

ということに気がついたのです。

これまでいろんな場面で、あたしは「普通かどうか」を世間から突きつけられてきました。

たとえばオカマバーで働いているとき、ノンケの人がそれを知らずに来店して、あたしがオカマだってわかった途端に、「オカマは無理！　絶対無理！　ホント無理！」って怒って帰ってしまった人がいたのです。

そのときは、「なんなの、あの人〜！」ってみんなで笑い話にしたけれど、本当は傷ついたのです。それはものすごく深く。

そういうふうに思われちゃうんだなって。

「そりゃそうよね、オカマだもんね。普通の女じゃないもんね」って自分に言い聞かせはするけれど、本当はすごくイヤだったのです。

そんなあたしが、「オナべはＮＧ」って拒絶したら、「オカマは無理！」って言った人と変わらないってことでしょう？

好きな人から、そんな理由で断られたらすごく傷つくってことを、いちばん知っているのはあたしなのに……。

それに気づいたときに、「ああ、あたしは、自分がされてイヤなことを、他人にしてきたのかもしれない」って思ったのです。

世の中に、普通の人と普通じゃない人って、いるのかしら？

普通って、誰が決めているんだろう？

それは、きっと自分。

自分で決めているけど、でもそれは世間でいう「普通」っていうものさしを、自分のものにしてしまっている、という場合もあるんじゃないのかしら。

だとしたら、それは世間のものさしに従っているっていうこと。

自分の人生は、自分のものさしで決めたい！

自分なりのものさしで、ちゃんと周りを見つめて生きていきたい。

彼との出会いは、そんなとっても大切なことに気づかせてくれました。

**自分革命**

**世間に振り回されず、ちゃんと自分のものさしをもって生きる！**

# おわりに

## これからは、「ヒューマン」として、人生の革命をおこしていく

あたし、今はほとんどブラジャーをつけていません。

あんなにおっぱいが欲しくて〝ニセ乳〟まで母に作ってもらったのに、おかしいですよね。

中学生で、「ハイヒール革命」を起こしてから14年。

スカートはいて、ハイヒールはいて、タマをとって、おっぱい作って……。

男から女になる過程で、お母さんしか味方がいなかったはずが、いつの間にか友だちと青春を過ごしたり、同じ境遇のオカマの先輩や友だちができたり、あたしはどんどん自由になっていきました。


30歳を目前にして、あたしは、あたしをどう思っているんだろう？

男？

もちろん、違う。

女？

それはそうだけれど、それもなんかすっきりしません。

じゃあ、何だろう？

そう思ったとき、ピッタリの言葉を教えてくれた人がいました。

大好きなオカマの先輩、メリンダさんです。彼女が言ったこのひと言に、あたしは拍手喝采しました。

あたしたちは、ヒューマンよ。

あれほど女の子になりたかったあたしは、今、見た目は女の子として生きているけれど、それも超越して「ヒューマン」として輝いていきたい。
強くそう思っています。

素の自分は、いつも笑顔ばかりじゃない。
根暗なときもあるし、
カッとなるときもあるし、
八方ふさがりで胸がつかえるときもあるし、
涙が止まらないときもある。

どんな自分も大切な自分だから、向き合って、抱きしめて一歩ずつ進みたい。

ヒューマンとして、素のままで、何ものにもとらわれずに歩いていきたい。

それが、あたしにとって真の自由への道。

心も、体も、ヌーディーな気持ちで、やりたいこと、好きなこと、全部やっていきたい。

あたしの「ハイヒール革命」は、ここまで。

これからは、輝き続けるために人生の革命を、もっともっと起こしていくわ！

真境名ナツキ

2016年8月吉日

# Special Thanks to

みなさまには大変お世話になりました。
この場を借りて御礼を申し上げます。

のりちゃん（母上）、ひーちゃん、しおちゃん、山本綾子さん、
カーネル・サンダース校長、メリンダさん、まっつん先生、
マックス先生、寺子先生、konoka takashiro、
六本木「Partheno」の美女のみなさま、
六本木「ラキラキ」のお姉さまがた、
世界一美しい映画プロデューサーの祐美子さま。

## 真境名ナツキ（まじきな　なつき）

1987年、東京生まれ。男性の体で生まれながら、心は女性という「性同一性障害」を抱えて青春時代を過ごす。家族からの理解を得ながら成長するが、社会の常識との違和感は拭えず、中学生時代に女子の制服で登校することを決意。その経緯はメディアでも紹介され話題に。高校卒業後はニューハーフアイドルグループのリーダーとして活躍していた。2016年には映画『ハイヒール革命！』で主役として映画デビューを果たす。本作品は第25回レインボー・リール東京～東京国際レズビアン＆ゲイ映画祭～に正式出品され高い評価を得た。現在は女優、タレントとして活動し、LGBTの世界でアイコン的存在となりつつある。映画『ハイヒール革命！』は2016年9月17日（土）よりヒューマントラストシネマ渋谷、シネ・リーブル池袋ほか全国順次公開。

ブックデザイン：ツカダデザイン
カバー写真撮影：宇佐美雅浩
編集協力：三浦たまみ
取材協力：『ハイヒール革命！』製作委員会

# ハイヒール革命
## 性を変える。
## 体を変える。
## アタシは変わる。

2016年9月14日　第1版第1刷

著者　真境名ナツキ
発行者　後藤高志
発行所　株式会社 廣済堂出版
〒104-0061 東京都中央区銀座 3-7-6
電話 03-6703-0964（編集）
03-6703-0962（販売）
Fax　03-6703-0963（販売）
振替　00180-0-164137
URL　http://www.kosaido-pub.co.jp
印刷・製本　株式会社 廣済堂
ISBN　978-4-331-52052-9　C0095